Jutta Korth

Sketchnotes als Lerntechnik

Mit visuellen Notizen Wissen lernwirksam verankern

Cornelsen

Die Autorin

Jutta Korth ist ausgebildete Tischlerin und Lehrerin und unterrichtet an einer Hamburger Berufsschule. Sie hat bereits vor vielen Jahren Sketchnotes für sich und ihren Berufsalltag entdeckt und diese Technik kontinuierlich für den Einsatz in der Schule weiterentwickelt.
Inzwischen gilt sie als Expertin für das Thema „didaktische Visualisierung" und unterrichtet u. a. am Landesinstitut Hamburg die Lehrkräfte im Vorbereitungsdienst. Außerdem gibt sie regelmäßig Visualisierungs-Workshops für verschiedene Bildungseinrichtungen im Bereich der Lehrkräfteaus- und -fortbildung.

Ebenfalls in diesem Verlag erschienen:
Jutta Korth / Nadine Roßa: Lebendig visualisieren in der Schule. Sketchnotes-Vorlagen für Unterrichtsplanung, -organisation und -durchführung. Berlin 2021

Projektleitung: Juliane Maaß / Jeffrey Mason, Berlin
Redaktion: Marion Clausen, Berlin
Umschlaggestaltung: Corinna Babylon, Berlin
Umschlagillustration und Illustrationen im Innenteil: Jutta Korth
Technische Umsetzung: Reemers Publishing Services GmbH, Krefeld

www.cornelsen.de

1. Auflage 2023

Druck: Athesiadruck GmbH

ISBN 978-3-589-16934-4

PEFC-zertifiziert
Dieses Produkt stammt aus nachhaltig bewirtschafteten Wäldern
PEFC
PEFC/18-31-166
www.pefc.de

Inhaltsverzeichnis

Vorwort

Sketchnotes sind aus meinem Berufsalltag als Lehrerin nicht mehr wegzudenken. Ich nutze sie, um meine Gedanken zu sortieren, Informationen und Inhalte aufzubereiten, meinen Unterricht zu planen, Unterrichtsinhalte zu veranschaulichen und bei vielen weiteren beruflichen oder privaten Gelegenheiten. Auch das Konzept zu diesem Buch ist in Form einer Sketchnote entstanden.

Ich bin fest davon überzeugt, dass Sketchnotes auch Schüler und Schülerinnen beim Lernen unterstützen können. Sie haben gegenüber herkömmlichen, rein schriftlichen Notizen den entscheidenden Vorteil, dass sie verbale und visuelle Informationen miteinander verknüpfen und deshalb die Informationen nicht nur anschaulicher festhalten, sondern auch wirksamer im Gedächtnis verankern. Außerdem machen Sketchnotes Spaß und mit Spaß lernt es sich bekanntlich besser.

Deshalb freue ich mich sehr, dass Sie dieses Buch in Ihren Händen halten. Ich möchte Sie mit dem vorliegenden Material dabei unterstützen, Ihren Schülern und Schülerinnen Sketchnotes als Notiz- und Lerntechnik näherzubringen. Die Idee dazu ist mir gekommen, da ich in meinen Visualisierungs-Workshops immer wieder auf Lehrkräfte treffe, die den Lernenden Sketchnotes vermitteln möchten, aber nicht so recht wissen, wie sie an diese Aufgabe herangehen sollen. Außerdem benötigt die Vorbereitung von geeignetem Arbeitsmaterial nicht nur viel Zeit, sondern auch ein gewisses Knowhow und eine entsprechende technische Ausstattung. Deshalb bleibt es leider oft bei den guten Vorsätzen.

Mit dem vorliegenden Arbeitsmaterial möchte ich Ihnen deshalb die Einführung von Sketchnotes in der Schule so einfach wie möglich machen.

Ich habe dafür das Thema Sketchnotes in einzelne kleine Lern-Snacks aufgeteilt, die Sie flexibel mit Ihren Schülern und Schülerinnen bearbeiten können. Sie finden in diesem Buch zahlreiche im Sketchnote-Stil gestaltete Arbeitsblätter als Kopiervorlagen, die Sie direkt im Unterricht einsetzen können. Die Arbeitsblätter werden von erklärenden Hinweisen ergänzt und Sie bekommen grundsätzliche Tipps zur Einführung von Sketchnotes in der Schule. Das Material ist für die Klassenstufen 5 bis 13 konzipiert und unabhängig von Unterrichtsfächern, Schulformen und Bildungsgängen einsetzbar. In den einzelnen Kapiteln finden Sie Tipps, wie Sie das Material erweitern und für Ihre eigene Lerngruppe und Ihr jeweiliges Unterrichtsthema anpassen können.

Und selbstverständlich können Sie dieses Material auch für sich selbst nutzen, um tiefer in das Thema Sketchnotes einzusteigen. Ich wünsche Ihnen und Ihren Schülern und Schülerinnen viel Spaß auf dieser besonderen Lernreise!

Jutta Korth, Hamburg

1 Sketchnotes – Wieso, weshalb, warum?

Wenn Sie dieses Buch in Ihren Händen halten, wissen Sie vielleicht schon, was Sketchnotes sind und warum es eine gute Idee ist, Ihren Schülern und Schülerinnen diese Technik zu vermitteln. In dem vorliegenden Band soll es in erster Linie um praktische Arbeitsmaterialien gehen. Der theoretische Hintergrund, die Wirkungsweise und der Nutzen von Sketchnotes sind an anderer Stelle schon ausführlich erläutert worden (vgl. Roßa 2019[1], Korth/Roßa 2021[2]). Darum fasse ich hier die wichtigsten Informationen zusammen für diejenigen unter Ihnen, denen der Begriff Sketchnotes noch nicht bzw. nur wenig vertraut ist.

Tipp: Die folgenden Hintergrund-Informationen sind einfach und unterrichtsgerecht aufgearbeitet, sodass Sie sie an Ihre Schüler und Schülerinnen weitergeben können. Erklären Sie ihnen, worum es beim Sketchnoten geht und warum es eine gute Idee ist, sich beim Lernen visuelle Notizen in Form von Sketchnotes zu machen!

Was sind eigentlich Sketchnotes?

Sketchnotes sind handschriftliche Notizen, die aus einer Kombination aus Textblöcken, einfachen gezeichneten Symbolen und strukturgebenden grafischen Elementen bestehen. Sie wurden von dem Amerikaner Mike Rohde erfunden, der diese Technik während seines Studiums als Alternative zu konventionellen, rein textbasierten Notizen entwickelt hat. „Erfunden" ist hier genau genommen nicht der richtige Begriff, denn schon lange vor Rohde hat es Menschen gegeben, die ihre schriftlichen Notizen mit visuellen Elementen angereichert haben. Doch da Rohde den Begriff Sketchnotes geschaffen, diese Technik systematisiert und 2012 mit dem Erscheinen seines ersten Buches „The Sketchnote Handbook" einer breiten Öffentlichkeit zugänglich gemacht hat, wird er gerne als der „Erfinder" von Sketchnotes und zu Recht als Gründervater der internationalen Sketchnote-Community angesehen.

Mit Erscheinen seines Buches haben sich Sketchnotes in vielen verschiedenen Arbeits- und Lebensbereichen etabliert und inzwischen auch mehr und mehr Einzug in das Bildungssystem gefunden.

Die Abbildung zeigt eine Sketchnote, die während einer Lehrkräfte-Fortbildung zum Thema „Erste Hilfe" entstanden ist.

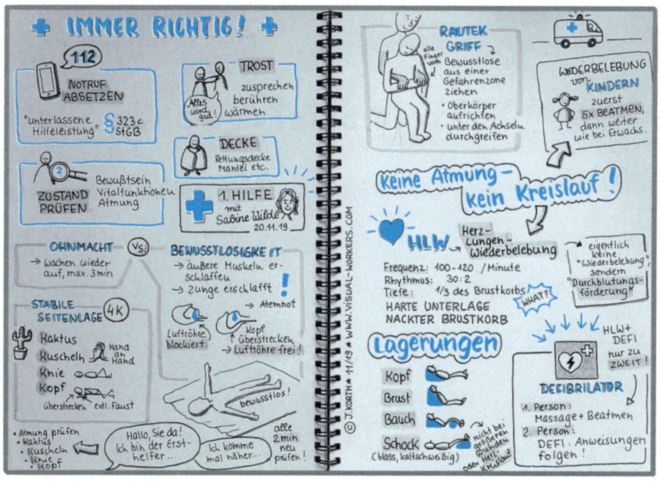

1 Roßa, Nadine: Sketchnotes in der Schule, Cornelsen 2019

2 Korth, Jutta / Roßa, Nadine: Lebendig visualisieren in der Schule, Cornelsen 2021

Wie kann man Sketchnotes im Bildungsbereich einsetzen?

In der Schule gibt es unterschiedliche Anwendungsbereiche. Schüler und Schülerinnen können Sketchnotes z. B. anfertigen, um im Unterricht wichtige Informationen aufzuzeichnen, um sich Unterrichtsinhalte zu erarbeiten, um Referate und Hausarbeiten zu planen und vieles mehr. Sketchnotes werden in diesem Fall zu einer **visuellen Notiz- und Lerntechnik**, die man den Lernenden vermitteln kann und sollte. Dabei soll das vorliegende Buch mit geeigneten Arbeitsmaterialien und entsprechenden Anregungen und Tipps unterstützen.
Selbstverständlich können auch Lehrkräfte selbst Sketchnotes als alternative Notizenform nutzen, z. B. während einer Fortbildung oder Konferenz oder zur Planung und Vorbereitung des Unterrichts.

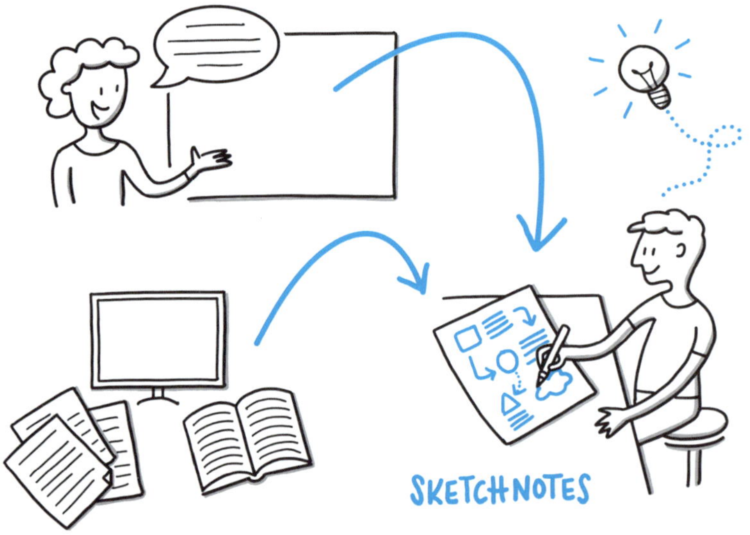

Darüber hinaus kann man als Lehrkraft Sketchnote-Symbole auch einsetzen, um die Unterrichtsinhalte für die Lernenden an der Tafel (Whiteboard, Smartboard o. ä.) oder auf analogen oder digitalen Arbeitsmaterialien zu veranschaulichen. In diesem Fall würde man genau genommen nicht mehr von Sketchnotes, sondern eher von Visualisierung sprechen. Zahlreiche Beispiele, Symbole, Anleitungen und Anregungen dazu finden sich in dem Buch „Lebendig visualisieren in der Schule" (Korth/Roßa 2021).

Welche positiven Effekte haben Sketchnotes für das Lernen?

Sketchnotes bewirken nicht nur, dass man sich Inhalte und Zusammenhänge besser merken kann, sondern sie können auch dazu beitragen, den Unterrichtsstoff besser zu verstehen. Sie geben den Unterrichtsinhalten eine visuelle Struktur und helfen dabei, sich einen Überblick über ein Thema zu verschaffen.

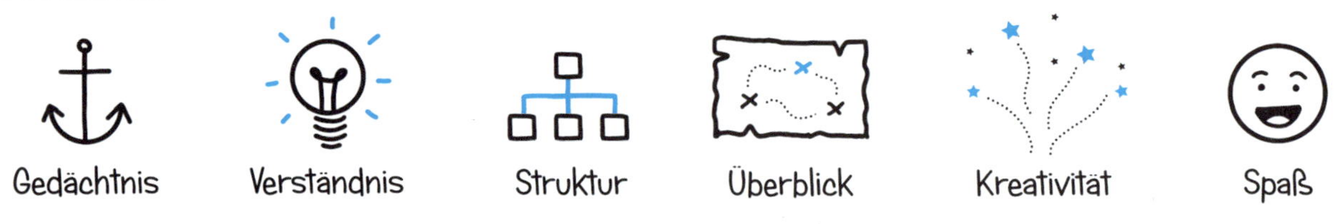

Bei kreativen Denkprozessen (z. B. Brainstorming, Problemlösendes Denken) sind Sketchnotes hilfreich, da Bilder in weit höherem Maße Assoziationen auslösen als Worte und auf diese Weise kreative Prozesse fördern. In Notizen, die man sich in Form von Sketchnotes gemacht hat, findet man sich auch im Nachhinein schnell zurecht. Außerdem machen Sketchnotes Spaß.

Warum helfen Sketchnotes beim Lernen?

Es gibt nicht „die eine" Erklärung, warum Sketchnotes so gut funktionieren. Hinweise dazu liefern verschiedene Ansätze; hier ein paar ausgewählte:

- Wir Menschen sind visuelle Wesen. Rund 80 Prozent der Informationen, die im Gehirn ankommen, werden über den visuellen Sinn geliefert. Kein Wunder also, dass unser Gehirn Bilder liebt. Die Werbeindustrie macht sich diesen Effekt schon lange zunutze. Im Bildungsbereich ist noch viel Luft nach oben.

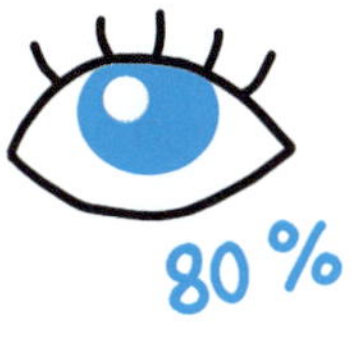

- Das menschliche Gehirn besteht aus zwei Gehirnhälften, die für unterschiedliche Aufgaben zuständig sind. Die rechte Gehirnhälfte ist u. a. für das Erkennen und Verarbeiten von Bildern verantwortlich. Die linke Gehirnhälfte ist u. a. für Sprache zuständig. Die beiden Hälften sind durch eine Vielzahl von Nervenzellen miteinander verbunden. Forschende haben herausgefunden, dass das Gehirn besonders leistungsfähig ist, wenn beide Hälften gleichzeitig aktiv sind. Genau das ist beim Sketchnoten der Fall. Deshalb kann sich das Gehirn Begriffe, die es gleichzeitig verbal und visuell verarbeitet, besser merken (vgl. die Dual-Coding-Theory von Alan Paivio).

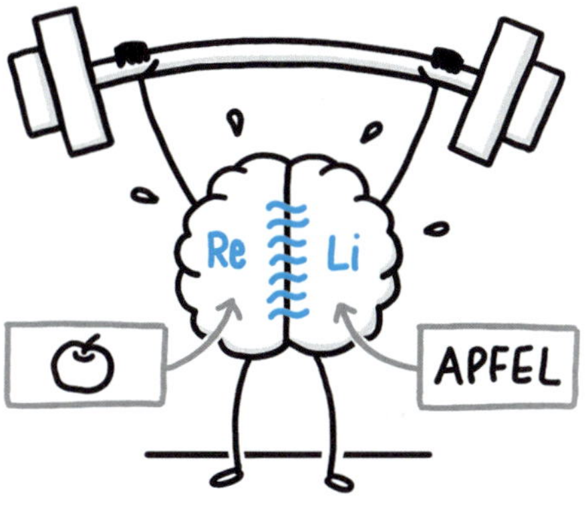

- Eine wissenschaftliche Studie[3] hat außerdem nachgewiesen, dass man sich Begriffe, die man gezeichnet hat, besser merken kann als Begriffe, die man z. B. aufgeschrieben hat. Die Forschenden führen diesen Effekt darauf zurück, dass der Prozess des Zeichnens sowohl eine visuelle als auch eine motorische Komponente vereint. Außerdem muss man sich kognitiv aktiv mit einem Begriff auseinandersetzen, um ihn in ein Bild zu übersetzen.

Was genau kann man mit Sketchnotes in der Schule machen?

Die Einsatzmöglichkeiten von Sketchnotes in der Schule sind vielfältig und hängen letztendlich von der Klassenstufe und dem jeweiligen Fach ab. Nachfolgend sind einige allgemeine Ideen aufgeführt:

- Sketchnotes eignen sich für jede Art von Notizen (z. B. während des Unterrichts oder beim Lernen zuhause).

3 Fernandes, Myra / Wammes, Jeffrey / Meade, Melissa (2018): The Surprisingly Powerful Influence of Drawing on Memory. In *Sage Journals, Band 27*, S. 302–308

- Lernende können Sketchnotes einsetzen, um Texte zusammenzufassen bzw. sich die wichtigsten Kerngedanken eines Textes aufzuzeichnen. Schon während der Lektüre kann man sich kleine Symbole an den Rand zeichnen oder im Nachgang den Text visuell zusammenfassen (das ist übrigens nicht nur im Deutschunterricht, sondern in allen Fächern nützlich).

- Bei der Lektüre eines längeren Textes oder eines Buches kann man die Merkmale und die Eigenschaften der Hauptperson(en) mit Sketchnotes veranschaulichen. Auch das Beziehungsgeflecht der beteiligten Personen lässt sich mit Sketchnotes darstellen.

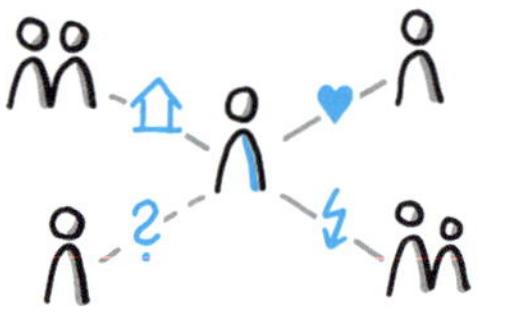

- Vokabeln oder Fachbegriffe lassen sich mit Sketchnotes leichter lernen. Wenn auch nicht für jedes neue Wort, so lohnt es sich besonders bei den Wörtern, die nicht so leicht im Gedächtnis bleiben wollen.
- Mit Sketchnotes kann man sich Lernlandkarten erstellen. Sie dienen dazu, sich einen Überblick über ein Thema zu verschaffen, und helfen z. B. bei der Vorbereitung von Klassenarbeiten und Prüfungen.

- Bei der Vorbereitung von Präsentationen, Referaten o. ä. können Sketchnotes helfen, da man mit ihnen Struktur in seine Gedanken bringen und ein inhaltliches Grundgerüst für ein Thema erarbeiten kann.
- Auch bei der Präsentation eines Referates o. ä. sind Sketchnotes hilfreich. Man kann mit ihnen z. B. Plakate oder digitale Präsentationen vorbereiten. Diese dienen gleichzeitig als Anschauungsmaterial für die Zuhörenden und als Spickzettel für die Vortragenden.

Gemeinsam mit Ihren Schülern und Schülerinnen werden Sie sicherlich weitere Einsatzmöglichkeiten entdecken. Letztendlich kann man alles, was man in Textform notiert, mit visuellen Elementen ergänzen.

Tipp: Erklären Sie Ihren Schülern und Schülerinnen die Wirkungsweise und die Einsatzmöglichkeiten von Sketchnotes anhand der hier aufgeführten Informationen und Ideen.

2 Allgemeine Tipps zur Einführung von Sketchnotes in der Schule

Ich kann es nicht oft genug sagen: Meiner Meinung nach sind Sketchnotes eine Bereicherung für das Lernen in der Schule. Das Ziel dieses Materials ist es daher, die Schüler und Schülerinnen zum Zeichnen zu motivieren und sie in die Lage zu versetzen, Unterrichtsinhalte, Informationen und Ideen visuell zu verarbeiten und festzuhalten.

Sie finden in diesem Buch keine minutiös geplanten Unterrichtseinheiten, sondern Material für viele einzelne Lern-Snacks, die Sie entsprechend der Bedürfnisse Ihrer Lerngruppe und der jeweiligen Rahmenbedingungen (Klassenstufe, Zeitplan usw.) flexibel einsetzen können. Die Zeichenvorlagen und die ausgewählten Begriffe sind bewusst eher allgemein gehalten, damit sie für möglichst viele Unterrichtsfächer, Klassenstufen und Schulformen funktionieren. Ergänzen und variieren Sie die Vorlagen entsprechend Ihrer eigenen Unterrichtsthemen und der Bedürfnisse Ihrer Klasse. Jüngere Lernende oder Lernende mit Förderbedarf können eher konkrete und gegenständliche Begriffe zeichnen, Oberstufenschüler und -schülerinnen können komplexere Begriffe visualisieren. Nähere Erläuterungen und Variationsmöglichkeiten zu den einzelnen Materialien finden Sie in den jeweiligen Hinweisen.

Ob Sie bei der Einführung von Sketchnotes projektartig vorgehen, also eine gesamte Unterrichtseinheit am Stück durchführen, oder die Lerneinheiten nach und nach in den Unterricht einbauen, bleibt Ihnen überlassen. Ich möchte Ihnen allerdings empfehlen, die Übungen nicht nur sporadisch als kreative Zeitfüller einzusetzen, sondern systematisch an das Thema heranzugehen. Dabei helfen Ihnen die folgenden Tipps:

1. Erklären Sie den Sinn und Zweck!

Jüngere Kinder braucht man in der Regel nicht zum Zeichnen zu motivieren. Die meisten zeichnen (noch) gerne und empfinden es als eine willkommene Abwechslung zum „herkömmlichen" Unterricht. Wenn Sie in der Mittel- oder Oberstufe unterrichten, kann es allerdings passieren, dass Ihre Schüler und Schülerinnen mit Widerstand reagieren, wenn sie plötzlich im Unterricht zeichnen sollen. Schlechte Noten im Kunstunterricht haben vielleicht zu Zeichen-Frust geführt. Oder Zeichnen wird als „kindisch" empfunden.

Deshalb ist es wichtig, vorab zu erklären, dass es bei Sketchnotes nicht um „schöne" Zeichnungen oder gar Kunst geht, sondern um eine Technik, mit der man besser Notizen machen, Informationen behalten und lernen kann. Oder wie ihr Erfinder Mike Rohde wohl sagen würde: It's not about art, it's about ideas.

2. Gehen Sie Schritt für Schritt vor!

Sie müssen nicht gleich mit Ihrer Lerngruppe eine komplexe Sketchnote zeichnen. Fangen Sie langsam an, Symbole in den Unterricht einzubauen, und tasten Sie sich nach und nach an das Thema heran. Dafür gibt es viele Möglichkeiten:

- Symbole für die einzelnen Schulfächer entwickeln
- Vokabeln visualisieren
- Texte abschnittweise mit Symbolen ergänzen
- Wichtige Begriffe visualisieren

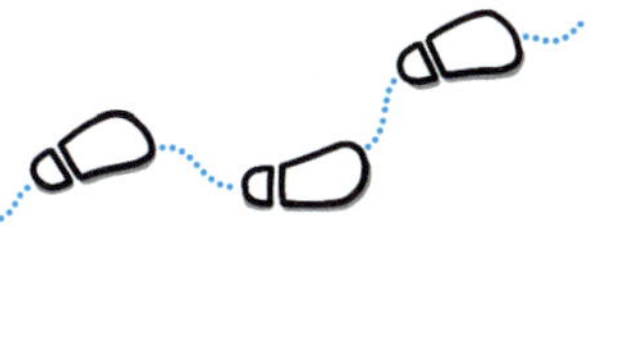

Zeichnen Sie anfangs gemeinsam mit der Lerngruppe und geben Sie Symbole vor, die zu Ihrem jeweiligen Unterrichtsthema passen (Sie wissen nicht, wie Sie entsprechende Symbole finden? Tipps dazu finden Sie auf KV 7). Bauen Sie dann nach und nach Übungen ein, bei denen die Schüler und Schülerinnen selbstständig zeichnen.

3. Auswerten statt bewerten!

Manchen Schülern und Schülerinnen wird es vielleicht schwerfallen, ihre Zeichenscheu zu überwinden. Deshalb ist es wichtig, dass Sie jeden ernsthaften Zeichen-Versuch wertschätzen, wie auch immer er aussehen möge. Wenn Sie Zeichnungen von den Schülern und Schülerinnen miteinander vergleichen, vermeiden Sie es, „die Beste“ oder „die Schönste“ auszuwählen. Werten Sie die Zeichnungen lieber konstruktiv gemeinsam mit den Schülern und Schülerinnen aus und lenken Sie deren Aufmerksamkeit dabei mehr auf den Inhalt als auf die Schönheit. Nachfolgend einige Tipps zur Auswertung von einzelnen Symbolen oder kompletten Sketchnotes:

Auswertung von gezeichneten Symbolen

Man kann einen Begriff sehr einfach und reduziert oder detailliert und ausgestaltet darstellen. Kinder, die gut zeichnen können, neigen dazu, ihre Zeichnungen mit vielen Details und Farben aufwändig auszuschmücken. Das stellt dann alle anderen Zeichenversuche schnell in den Schatten und demotiviert die künstlerisch weniger Begabten. Deshalb ist es wichtig, dass Sie auch die minimalistischen Zeichnungen positiv hervorheben, z. B. indem Sie auf eine gelungene Reduktion hinweisen und den Zeitaufwand mit ins Spiel bringen. Sie können z. B. die folgenden Fragen stellen:

- Welches Symbol kann man gut erkennen und warum?
- Welches Symbol kann man auch von weiter weg erkennen?
- Welches Symbol ist eher reduziert, welches ist eher detailliert?
- Wie viele und welche Details sind nötig, damit man das jeweilige Symbol erkennen kann?
- Welches Symbol kann man am schnellsten zeichnen?

Auswertung von komplexen Sketchnotes

Letztendlich ist eine Sketchnote ein sehr individuelles Abbild eines Themas oder Lerngegenstandes. Auch die Art der Gestaltung ist sehr individuell: Was sich für eine Person als effektiv und lernwirksam erweist, ist für eine andere vielleicht zu minimalistisch. Trotzdem gibt es Kriterien, auf die man bei der Auswertung achten kann:

- Wie wirkt die Sketchnote auf den ersten Blick und warum?
- Wohin guckt das Auge zuerst und wie wird der Blick weitergeleitet?
- Ist eine Struktur erkennbar und wenn ja, welche?
- Welche inhaltlichen Aspekte finden sich in der Sketchnote wieder? Welche fehlen?
- Wie wurden die Überschriften gestaltet?
- Woran erkennt man wichtige Wörter im Text?

Aus den gerade genannten Gründen ist es auch problematisch, Sketchnotes zu benoten. Ich empfehle Ihnen eher, für das Anfertigen von Sketchnotes Zusatzpunkte zu vergeben. Falls doch unbedingt eine Note sein soll, dann bewerten Sie nicht die „Schönheit" einer Sketchnote, sondern eher die Tatsache, wie gut ein Sachverhalt festgehalten worden ist und wie übersichtlich eine Sketchnote ist.

Am besten können Sie Ihre Schüler und Schülerinnen wahrscheinlich zum Sketchnoten motivieren, wenn Sie ihnen erlauben, bei der nächsten Klassenarbeit einen „visuellen Spickzettel" zu benutzen. Das ist ein Spickzettel, der keine Wörter, sondern nur gezeichnete Symbole enthält. Schon beim Anfertigen werden sich die Schüler und Schülerinnen so intensiv mit dem Unterrichtsstoff beschäftigen, dass sie dadurch bestens auf die Arbeit vorbereitet sind.

4. Bleiben Sie am Ball bzw. „am Stift"!

In meinen Lerngruppen hat es sich bewährt, zu Beginn eine etwas kompaktere Einführung in die Zeichentechniken zu geben und dann im fortschreitenden Unterricht immer wieder Sketchnote-Elemente einzubauen. Regen Sie Ihre Schüler und Schülerinnen gezielt dazu an, visuell zu denken, und geben Sie ihnen entsprechende Aufgaben.

Gibt es Vokabeln oder Fachbegriffe, die die Lernenden sich nicht merken können? Zeichnen Sie sie gemeinsam oder erstellen Sie ein Wort-Bild-Puzzle. Lesen Sie ein Buch oder einen längeren Text im Unterricht? Dann können die Lernenden eine visuelle Personenbeschreibung erstellen. Führen Sie im Unterricht ein Experiment durch? Lassen Sie die Lernenden den Versuchsaufbau und das Ergebnis als Sketchnotes festhalten. Oder streuen Sie ab und zu eine kreative Übung in den Unterricht ein. Anregungen dafür finden Sie auf KV 40 bis 46.

5. Integrieren Sie Sketchnotes in den Fachunterricht!

Ich gebe zu, es ist nicht immer ganz einfach, im laufenden Fachunterricht zusätzliche Zeitfenster für Inhalte zu finden, die nicht im Lehrplan stehen. Deshalb werden Sketchnotes gerne in den Kunstunterricht „ausgelagert". Ich halte das aus zwei Gründen für problematisch. Zum einen könnte der Eindruck entstehen, es handele sich hierbei um eine künstlerische Angelegenheit. Das sollten Sie aus den bereits genannten Gründen möglichst vermeiden.

Zum anderen halte ich die Vorstellung, dass Schüler und Schülerinnen im Kunstunterricht Sketchnotes kennenlernen und diese Technik daraufhin automatisch in allen anderen Fächern anwenden, für einen Trugschluss. Die Lernenden benötigen im laufenden Unterricht gezielte Lernanreize, um ihre Sketchnote-Fähigkeiten anzuwenden und weiterzuentwickeln (also z. B. Aufgabenstellungen, bei denen das visuelle Denken gefördert wird).

Falls Sie selbst Kunst unterrichten, möchte ich Sie auf keinen Fall davon abhalten, Ihren Schülern und Schülerinnen Sketchnotes zu vermitteln. Sie sollten dann möglichst die anderen Lehrkräfte mit ins Boot holen, um eine fächerübergreifende Anwendung zu erleichtern. Vielleicht können Sie den Kollegen und Kolleginnen auch Tipps geben, wie sie selbst im Unterricht das visuelle Lernen unterstützen können (siehe hierzu auch Punkt 7).

6. Seien Sie ein Vorbild!

Wenn Sie möchten, dass Ihre Schüler und Schülerinnen Sketchnotes anwenden, dann gehen Sie mit gutem Beispiel voran. Zeichnen Sie im Unterricht, wann immer sich eine Gelegenheit dazu bietet. Ergänzen Sie Ihr Tafelbild und Ihre Arbeitsmaterialien mit Symbolen, setzen Sie Symbol-Karten ein, die Arbeitsformen, Methoden und Medien visualisieren.

Zahlreiche Anregungen und entsprechende Symbolvorlagen finden Sie in dem Buch „Lebendig visualisieren in der Schule".

Sie können nicht zeichnen? Wunderbar! Dann können Sie sich ja gut in Ihre Schüler und Schülerinnen hineinversetzen und sich mit ihnen auf eine gemeinsame Lernreise begeben …

7. Work out loud!

Wenn Ihre Schüler und Schülerinnen erst mal mit Sketchnotes „infiziert" sind, werden sie wahrscheinlich auch in den anderen Unterrichtsstunden zeichnen. Es soll leider auch heute noch Lehrkräfte geben, denen das nicht recht ist, weil sie denken, dass die Lernenden dann nicht „richtig" aufpassen. Deshalb macht es Sinn, dass Sie Ihre Kollegen und Kolleginnen darüber informieren, dass Sie Sketchnotes einführen und warum es eine gute Idee ist, während des Unterrichts zu zeichnen. Bestenfalls wecken Sie auch deren Interesse und geben vielleicht eine kleine Sketchnotes-Einführung im Kollegium.

Vielleicht lohnt es sich auch, die Eltern mit ins Boot zu holen und über Sketchnotes zu informieren, z. B. bei einem Elternabend. Vor allem leistungsorientierte Eltern neigen dazu, möglichst viel fachlichen Input einzufordern. Softskills wie Sketchnotes werden dagegen gerne belächelt. Machen Sie den Eltern klar, dass Sketchnotes ihre Kinder dabei unterstützen, die fachlichen Inhalte lernwirksam zu verarbeiten.

Sketchnotes – Pflicht oder Kür?
Ich persönlich bin der Überzeugung, dass Sketchnotes für alle Lernenden hilfreich sein können. Trotzdem wird es Schüler und Schülerinnen geben, die mit dieser Methode aus den verschiedensten Gründen nichts anfangen können und sich ihr verweigern oder verschließen. Meiner Meinung nach ist das in Ordnung. Jeder und jede lernt auf individuelle Art und Weise. Mir persönlich ist es wichtig, dass die Lernenden diese Methode zumindest ausprobieren, um dann zu entscheiden, ob sie ihnen beim Lernen hilft oder nicht.

8. Praktische Hinweise zu den Kopiervorlagen

In den folgenden Kapiteln wird es nun konkret. Sie finden nachfolgend die Arbeitsmaterialien, die Sie für den Einstieg in Sketchnotes benötigen. Die Materialien sind thematisch wie folgt unterteilt:

- Material zum Zeichnen von Sketchnote-Symbolen (KV 1–10 und 23)
- Material zum Zeichnen von Figuren/Menschen/Emotionen (KV 11–22)
- Material zur Gestaltung von Text in Sketchnotes (KV 24–27)
- Komplexe Sketchnote-Übungen mit Anwendungsbezug (KV 28–39)
- Spielerische, kreative Übungen (KV 40–46)

Den jeweiligen Arbeitsmaterialien sind Hintergrundinformationen und methodische Tipps vorangestellt. Außerdem erfahren Sie, wie Sie die Materialien einsetzen und gegebenenfalls variieren können.

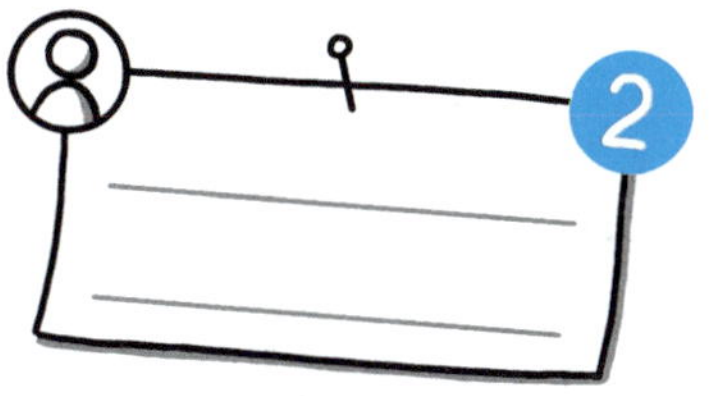

Auf jeder Vorlage befindet sich in der rechten oberen Ecke ein kleines **Textfeld**. Hier ist Platz für den Namen des Schülers oder der Schülerin. Bei Bedarf können hier auch weitere Informationen, wie z. B. Datum oder Klasse, ergänzt werden. Ältere Schüler und Schülerinnen, die ihre Arbeitsblätter nicht mehr namentlich kennzeichnen, können das Textfeld für persönliche Notizen oder ein Feedback zur Aufgabe nutzen. In dem rechten Kreis findet sich jeweils die **Nummer** der Kopiervorlage.

Außerdem befindet sich auf jedem Arbeitsblatt in der linken unteren Ecke ein Symbol, das den jeweiligen **Schwierigkeitsgrad** angibt. Die Skala reicht von einem Stift (einfach) bis zu drei Stiften (komplex). Diese Einteilung soll lediglich als ein grober Anhaltspunkt dienen.

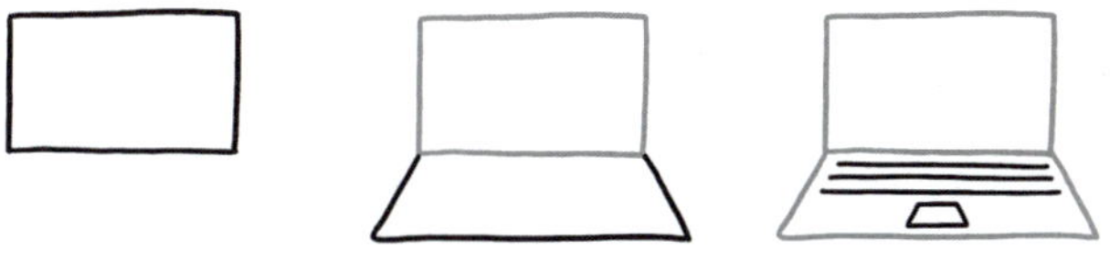

Sämtliche Vorlagen sind farblich so gestaltet, dass sie sich als Schwarz-Weiß-Kopien bzw. Ausdrucke eignen. Achten Sie bitte beim Vervielfältigen darauf, dass Schwarz und Grau deutlich zu unterscheiden sind. Dies ist besonders bei den Schritt-für-Schritt-Zeichenanleitungen wichtig, da die Farb-Abstufungen hier die Reihenfolge der Linien zeigen.
Die meisten Kopierer und auch einige Drucker neigen dazu, alle Linien relativ dunkel abzubilden. Erhöhen Sie in diesem Fall die Helligkeit, bis ein deutlicher Unterschied erkennbar wird.

Die Arbeitsmaterialien sind, wenn nicht anders erwähnt, für das Format DIN A4 und für die Bearbeitung mit Finelinern konzipiert. Falls Ihre Schüler und Schülerinnen nur über dickere Filzstifte verfügen, kann es Sinn machen, die Vorlagen im Format DIN A3 zu vervielfältigen.
Das ist ebenfalls für Lernende hilfreich, die feinmotorische Schwierigkeiten haben. Weitere Hinweise zu Stiften und Papier finden Sie in den Materialempfehlungen im Anhang.

3 Erste Symbole zeichnen

Zum Hintergrund

Sketchnotes sind eine visuelle Kommunikationsform, also eine Art von Sprache. Um eine Sprache zu sprechen, benötigt man Wörter. So wie Wörter aus Buchstaben zusammengesetzt sind, so bestehen Symbole aus einfachen zeichnerischen Grundformen, dem sogenannten **visuellen Alphabet**. In der Literatur zum Thema Sketchnotes findet man verschiedene visuelle Alphabete, die sich geringfügig in der Auswahl der Formen unterscheiden. Allen gemeinsam ist die Tatsache, dass sich die Grundformen zu komplexeren Formen und ersten einfachen Symbolen zusammensetzen lassen.

Bei den meisten Symbolen ist es hilfreich zu wissen, in welcher Reihenfolge man die einzelnen Formen zeichnet. Deshalb eignen sich Schritt-für-Schritt-Zeichenanleitungen besonders gut, um in die Thematik einzusteigen.

Methodische Tipps

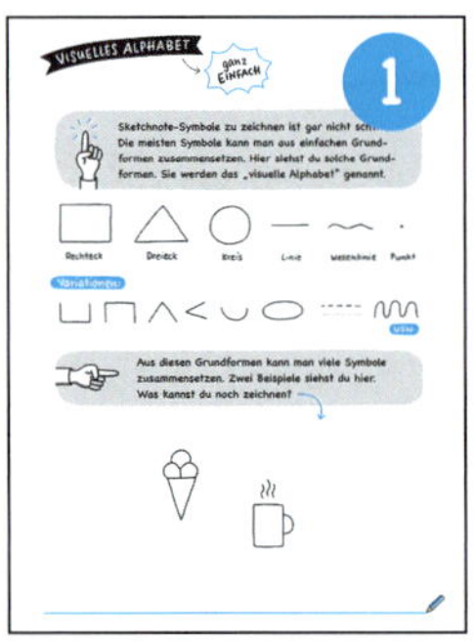

KV 1–2:

Auf diesen Arbeitsblättern lernen die Schüler und Schülerinnen das visuelle Alphabet kennen und machen damit erste kreative Versuche. Sie können weitere Vorlagen in dieser Art erstellen, indem Sie zehn bis fünfzehn Grundformen auf ein leeres Blatt zeichnen. Oder Sie überlassen diese Aufgabe den Lernenden und bitten sie, die Vorlagen anschließend untereinander zu tauschen und dann auszufüllen. Sie können auch gezielte weitere Aufgaben stellen, z. B. „Zeichnet ein Symbol aus einem Rechteck und zwei Kreisen“ o. ä. Alle diese Aufgaben haben das Ziel, die Lernenden für die einfachen Formen zu sensibilisieren, die sich in den meisten Sketchnote-Symbolen wiederfinden.

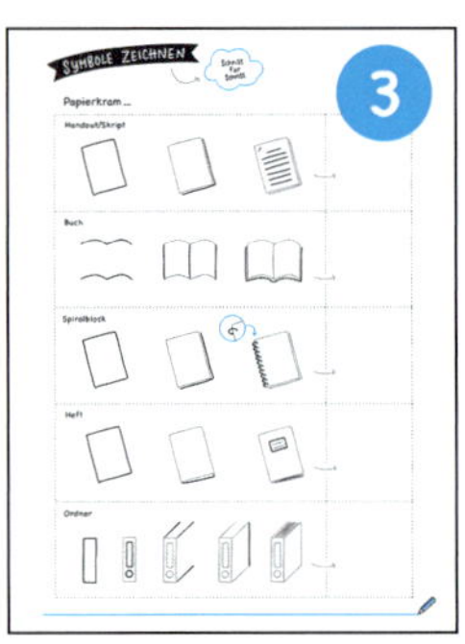

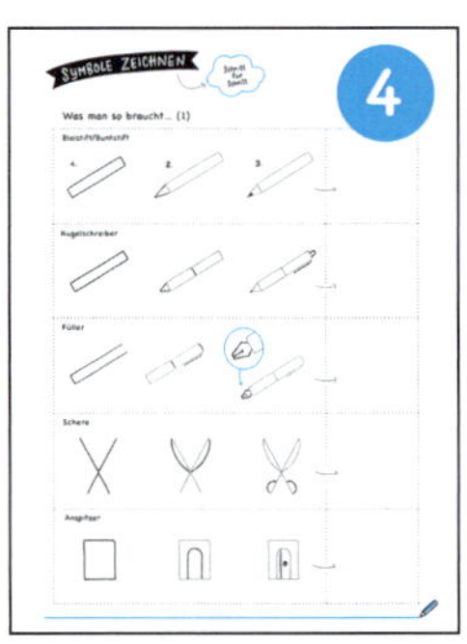

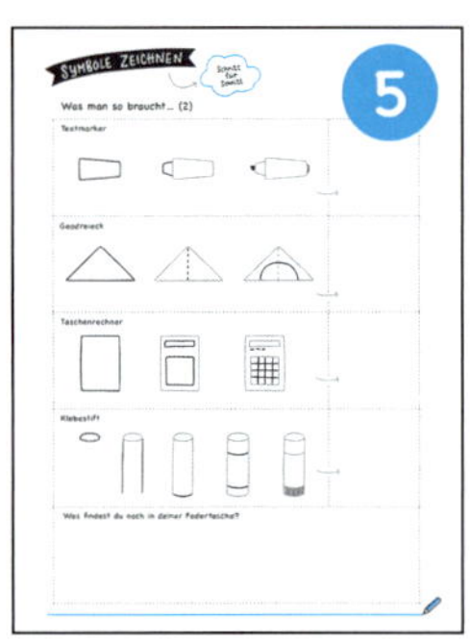

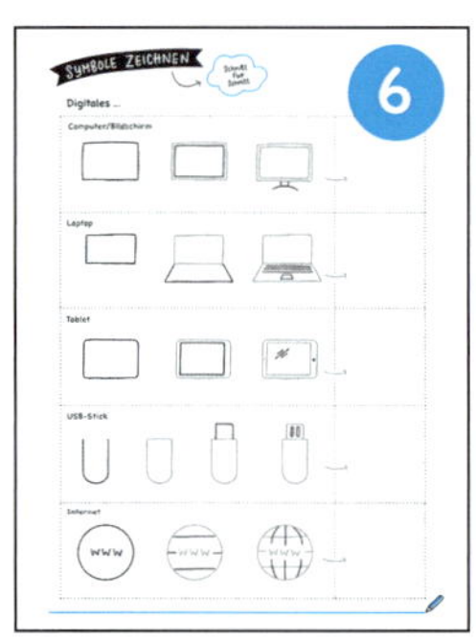

KV 3–6:

Bei diesen Übungen geht es darum, aus den einfachen Grundformen des visuellen Alphabets erste Symbole aus dem Schulalltag zu entwickeln.

Die Aufgabe besteht darin, in dem rechten freien Feld das jeweilige Symbol nachzuzeichnen, und zwar in der vorgegebenen Reihenfolge der Linien. Achten Sie bitte beim Kopieren darauf, dass die grauen und die schwarzen Linien gut zu unterscheiden sind, damit die Lernenden die jeweils neuen Linien gut erkennen können.

Ermuntern Sie die Schüler und Schülerinnen, jedes Symbol auf einem extra Blatt noch vier- bis fünfmal zu zeichnen. Dann ist die Wahrscheinlichkeit groß, dass sie diese „Bildvokabeln" beherrschen und später anwenden können. Die hier abgebildeten Begriffe aus dem Unterrichtsalltag dienen als erster Einstieg in das Zeichnen von Symbolen. Weitere Schritt-für-Schritt-Anleitungen finden Sie im Internet oder in entsprechenden Büchern.

Wenn Schüler oder Schülerinnen große Schwierigkeiten beim Nachzeichnen haben, kann das zwei Gründe haben. Entweder achten sie nicht auf die Reihenfolge beim Zeichnen, dann hilft der Tipp, sich genau an die Zeichenanleitung zu halten. Es kann aber auch vorkommen, dass jemand Probleme hat, die Grundformen und deren Größenverhältnisse zu erkennen. Weisen Sie sie in diesem Fall darauf hin, dass man sich die vorgegebenen Formen genau angucken muss, wenn man sie nachzeichnen möchte. Das klingt banal, ist aber tatsächlich gar nicht so einfach, da uns unser Gehirn dabei gerne einen Streich spielt.

Beispiel: Das Gehirn weiß aus Erfahrung, dass der Klebestift eine runde Form hat. Deshalb neigt man dazu, die Kappe auch in der Seitenansicht viel zu rund, anstatt als flaches Oval zu zeichnen, und der gezeichnete Klebestift sieht merkwürdig aus. Auch auf die Größen- und Längenverhältnisse der einzelnen Formen muss man achten, wenn ein Symbol möglichst originalgetreu aussehen soll (z. B. Rechteck versus Quadrat).

Tipp: Grundsätzlich geht es bei Sketchnotes gerade **nicht** darum, dass alle Symbole perfekt gezeichnet sein müssen. In dieser frühen Phase der Einführung kann es aber Sinn machen, Original und Zeichnung zu vergleichen und „richtige" Größen- und Längenverhältnisse zu thematisieren, vor allem, wenn die Lernenden damit Probleme haben.

VISUELLES ALPHABET

ganz EINFACH

Sketchnote-Symbole zu zeichnen ist gar nicht schwer. Die meisten Symbole kann man aus einfachen Grundformen zusammensetzen. Hier siehst du solche Grundformen. Sie werden das „visuelle Alphabet" genannt.

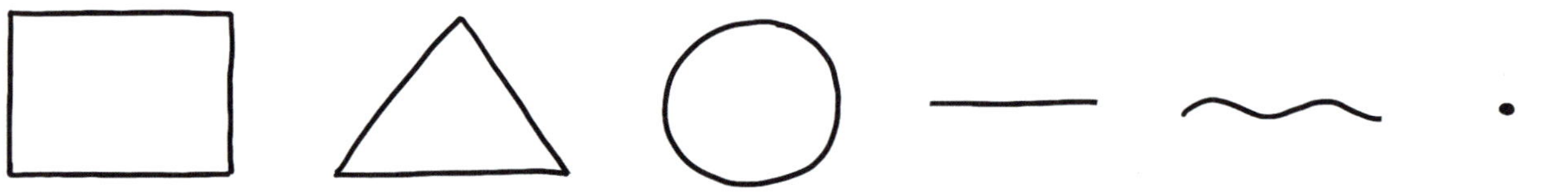

Rechteck Dreieck Kreis Linie Wellenlinie Punkt

Variationen:

usw.

Aus diesen Grundformen kann man viele Symbole zusammensetzen. Zwei Beispiele siehst du hier. Was kannst du noch zeichnen?

Jutta Korth: Sketchnotes in der Schule. 978-3-589-16934-4. Illustration: Jutta Korth

SYMBOLE aus GRUNDFORMEN

Jutta Korth: Sketchnotes in der Schule. 978-3-589-16934-4. Illustration: Jutta Korth

SYMBOLE ZEICHNEN

Schritt für Schritt

Papierkram ...

Handout/Skript

Buch

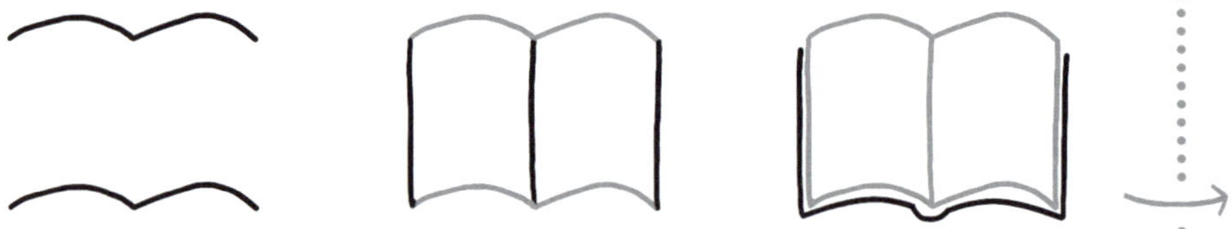

Spiralblock

Heft

Ordner

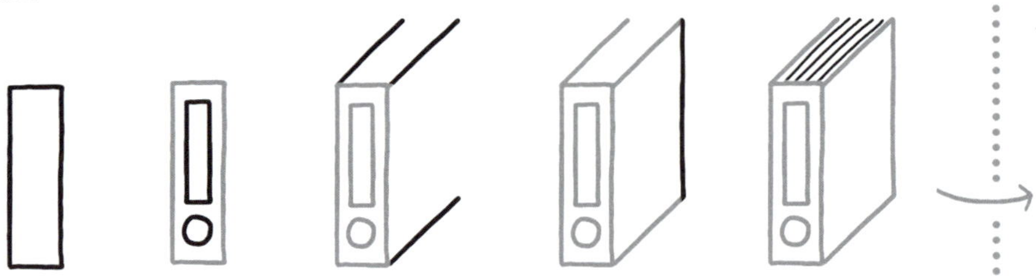

Jutta Korth: Sketchnotes in der Schule. 978-3-589-16934-4. Illustration: Jutta Korth

SYMBOLE ZEICHNEN

Schritt für Schritt

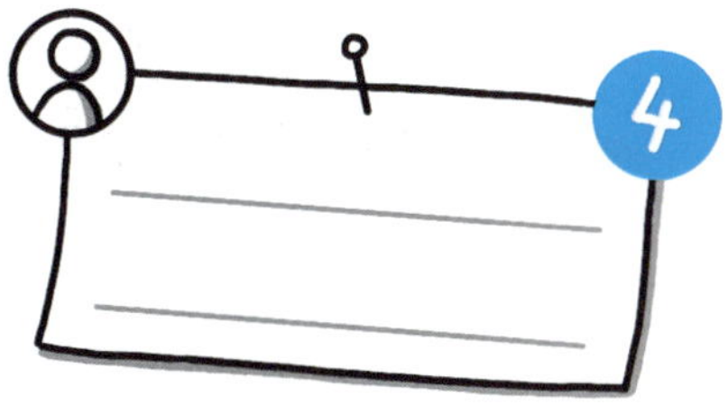

Was man so braucht… (1)

Bleistift/Buntstift

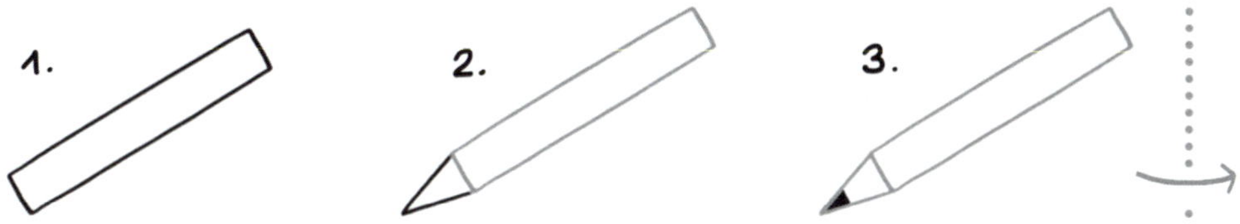

Kugelschreiber

Füller

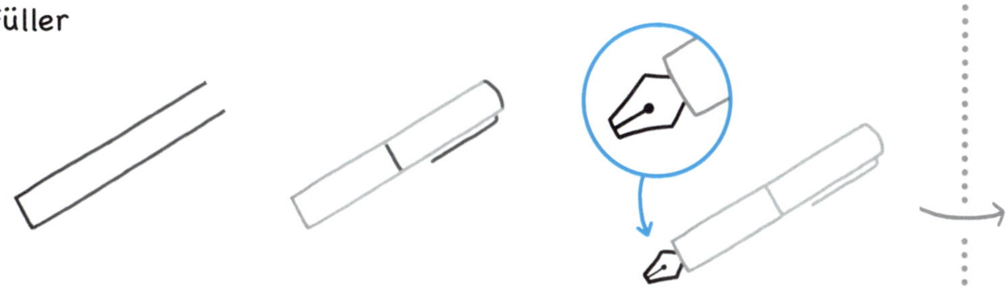

Schere

Anspitzer

Jutta Korth: Sketchnotes in der Schule. 978-3-589-16934-4. Illustration: Jutta Korth

SYMBOLE ZEICHNEN

Schritt für Schritt

5

Was man so braucht… (2)

Textmarker

Geodreieck

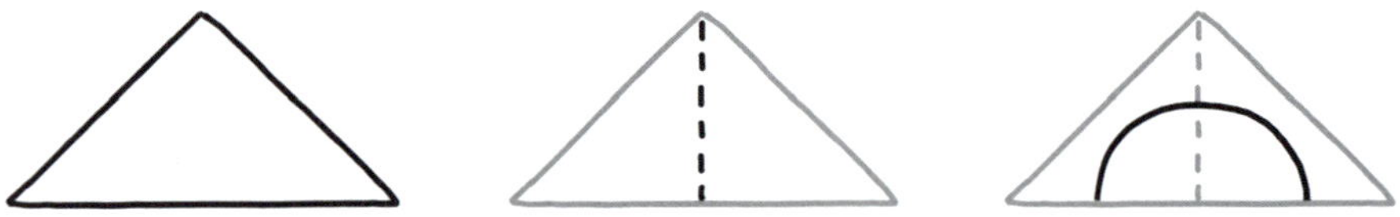

Taschenrechner

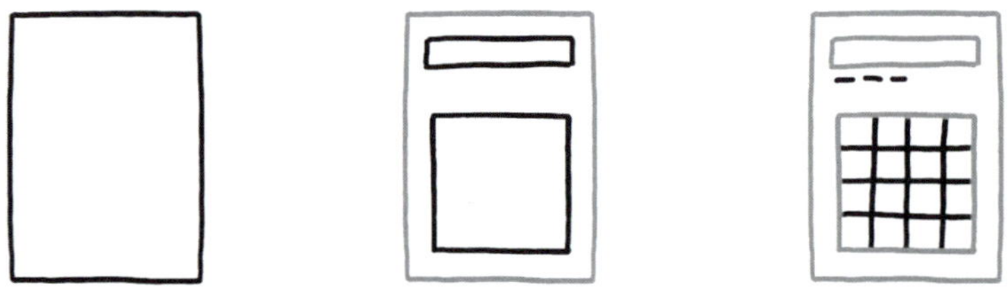

Klebestift

Was findest du noch in deiner Federtasche?

Jutta Korth: Sketchnotes in der Schule. 978-3-589-16934-4. Illustration: Jutta Korth

SYMBOLE ZEICHNEN

Schritt für Schritt

6

Digitales ...

Computer/Bildschirm

Laptop

Tablet

USB-Stick

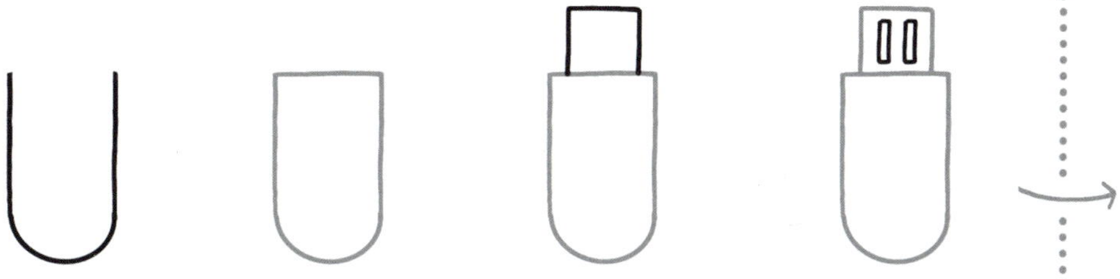

Internet

Jutta Korth: Sketchnotes in der Schule. 978-3-589-16934-4. Illustration: Jutta Korth

4 Neue Symbole finden

Zum Hintergrund

Wenn Sie im Unterricht mit Sketchnotes arbeiten, werden Sie und Ihre Schüler und Schülerinnen je nach Thema viele weitere Symbole benötigen. Was kann man tun, wenn man etwas zeichnen möchte und nicht weiß, wie man das machen soll? Es gibt viele tolle Bücher mit den verschiedensten Symbolen im Sketchnote-Stil. Wenn Sie oder die Lernenden allerdings ein ganz bestimmtes Symbol zu einem unterrichtlichen Thema suchen, kann es passieren, dass Sie in einem Buch nicht fündig werden.

Ich empfehle in diesem Fall, einfach im Internet abzugucken! Das Netz ist voll mit Symbolen, Icons und Cliparts und es ist nicht verboten, sich von solchen Symbolen beim Zeichnen inspirieren zu lassen, solange man dabei nicht das Urheberrecht verletzt.

Methodische Tipps

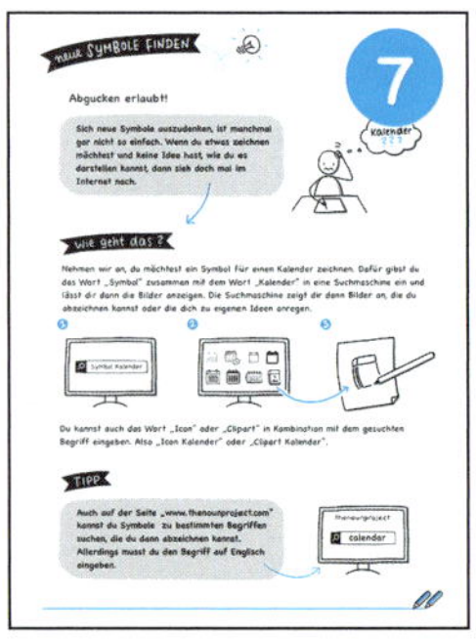
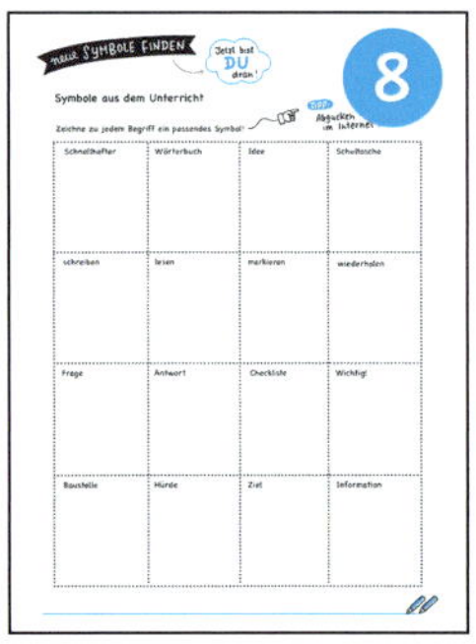

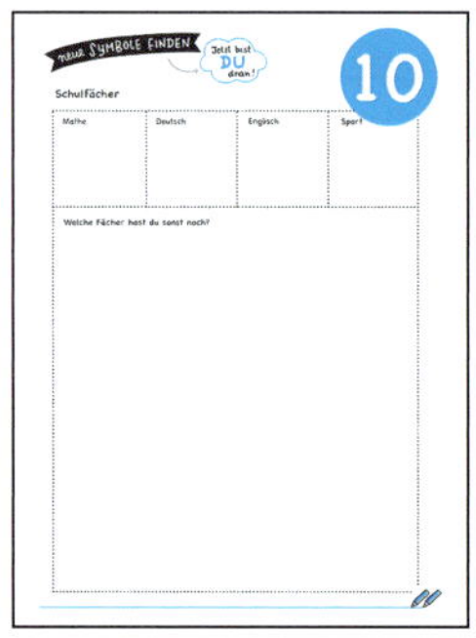

KV 7–10:

Auf KV 7 wird erklärt, wie man gezielt Zeichenvorlagen im Internet findet. Spielen Sie diesen Prozess gemeinsam mit den Schülern und Schülerinnen anhand von einigen Beispiel-Begriffen durch. Anschließend können die Lernenden dann selbstständig Symbole zu den vorgegebenen Begriffen zeichnen (KV 8). Die Blanko-Vorlage (KV 9) können Sie nutzen, um weitere Begriffe zu Ihrem Unterrichtsthema vorzugeben. Oder Sie ermuntern die Lernenden, selbstständig unterrichtstypische Symbole zu entwickeln, und tragen die Ergebnisse anschließend zusammen. So entsteht eine umfangreiche Symbolbibliothek zu einem Thema, die von allen genutzt werden kann.

Auf KV 10 geht es um Schulfächer. Diese Symbole kann man z. B. für Arbeitsmaterialien, Hausaufgaben, Abgabetermine o. ä. nutzen. Vielleicht einigen Sie sich in der Klasse auf ein gemeinsames Symbol pro Fach, das auch von Ihnen an der Tafel oder auf Arbeitsmaterialien genutzt wird.

Tipp: Versuchen Sie, am Anfang möglichst konkrete, anschauliche Begriffe auszuwählen (also Dinge, die man sehen und anfassen kann). Mit der Zeit können Sie zu abstrakteren Begriffen übergehen.

neue SYMBOLE FINDEN

Abgucken erlaubt!

Sich neue Symbole auszudenken, ist manchmal gar nicht so einfach. Wenn du etwas zeichnen möchtest und keine Idee hast, wie du es darstellen kannst, dann sieh doch mal im Internet nach.

Wie geht das?

Nehmen wir an, du möchtest ein Symbol für einen Kalender zeichnen. Dafür gibst du das Wort „Symbol“ zusammen mit dem Wort „Kalender“ in eine Suchmaschine ein und lässt dir dann die Bilder anzeigen. Die Suchmaschine zeigt dir dann Bilder an, die du abzeichnen kannst oder die dich zu eigenen Ideen anregen.

Du kannst auch das Wort „Icon“ oder „Clipart“ in Kombination mit dem gesuchten Begriff eingeben. Also „Icon Kalender“ oder „Clipart Kalender“.

TIPP

Auch auf der Seite „www.thenounproject.com“ kannst du Symbole zu bestimmten Begriffen suchen, die du dann abzeichnen kannst. Allerdings musst du den Begriff auf Englisch eingeben.

Jutta Korth: Sketchnotes in der Schule. 978-3-589-16934-4. Illustration: Jutta Korth

neue SYMBOLE FINDEN

Jetzt bist DU dran!

8

Symbole aus dem Unterricht

Zeichne zu jedem Begriff ein passendes Symbol!

TIPP: Abgucken im Internet!

Schnellhefter	Wörterbuch	Idee	Schultasche
schreiben	lesen	markieren	wiederholen
Frage	Antwort	Checkliste	Wichtig!
Baustelle	Hürde	Ziel	Information

Jutta Korth: Sketchnotes in der Schule. 978-3-589-16934-4. Illustration: Jutta Korth

neue SYMBOLE FINDEN

Jetzt bist DU dran!

9

Noch mehr Symbole

Zeichne weitere Symbole zu Begriffen aus deinem Unterricht!

TIPP: Abgucken im Internet!

Jutta Korth: Sketchnotes in der Schule. 978-3-589-16934-4. Illustration: Jutta Korth

Jetzt bist **DU** dran!

Schulfächer

Mathe	Deutsch	Englisch	Sport

Welche Fächer hast du sonst noch?

Jutta Korth: Sketchnotes in der Schule. 978-3-589-16934-4. Illustration: Jutta Korth

5 Einfache Figuren und Emotionen zeichnen

Zum Hintergrund

Figuren zu zeichnen ist leichter, als man denkt. Für eine einfache Figur reichen meist schon ein Oberkörper und ein Kopf. Solche „Bogenmenschlein“ kann man z. B. nutzen, um Beziehungen zwischen Personen, Gruppenkonstellationen oder Arbeitsformen (z. B. Einzelarbeit, Partnerarbeit, Gruppenarbeit) darzustellen. Mit Armen werden aus den einfachen Figuren kleine Persönlichkeiten, die über ihre Körperhaltung eine bestimmte Botschaft ausdrücken.

Ein Gesicht benötigen diese Figuren in der Regel nicht, es sei denn, es sind Emotionen im Spiel. Wenn Ihnen oder den Lernenden solche Figuren ohne Gesicht zu nackt und zu unpersönlich erscheinen, können Sie sie einfach mit Augen, Mund und eventuell einer angedeuteten Frisur ergänzen.

Wenn es um Emotionen geht, empfiehlt es sich, die Köpfe etwas größer zu zeichnen oder mit Emojis zu arbeiten. Emotionen werden in erster Linie über die Form und Stellung der Augenbrauen und des Mundes ausgedrückt. Spannend wird es, wenn man „unfreundliche Augenbrauen“ mit einem „freundlichen Mund“ kombiniert und umgekehrt:

Methodische Tipps

KV 11–14:

Auf KV 11 sind einfache Figuren in verschiedenen Konstellationen dargestellt. Die Schüler und Schülerinnen sollen diese Symbole auf sich wirken lassen und überlegen, welche Bedeutung sie haben könnten. Auf KV 12 kommen dann Arme und einfache Hände dazu und auf KV 13 sollen die Lernenden schließlich selbst anhand der vorherigen Beispiele Figuren zeichnen.

Auf KV 14 geht es um Emotionen. Die Lernenden sollen in der Gesichter-Matrix die verschiedenen Augenbrauenformen mit den unterschiedlichen Mundformen kombinieren. Dabei entstehen ganz neue Gesichts-Ausdrücke. Interpretieren Sie sie gemeinsam mit den Lernenden.

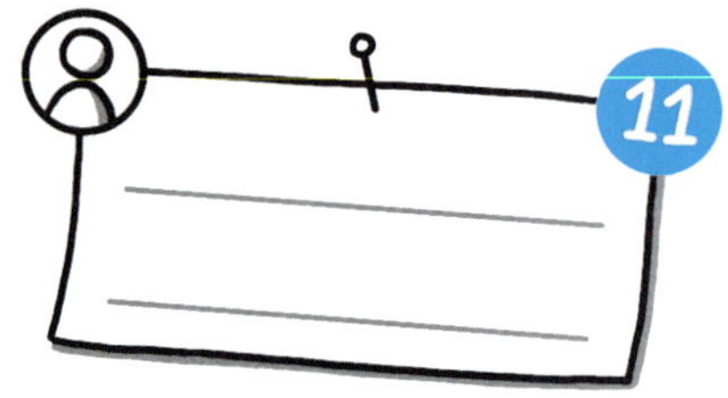

einfache
FIGUREN ZEICHNEN

Es ist gar nicht schwer, eine einfache Figur zu zeichnen. Du brauchst dafür nur ein U, das auf dem Kopf steht und ein kleines O. Wenn du möchtest, kannst du auch ein Gesicht andeuten. Dafür nimmst du am besten einen etwas dünneren Stift.

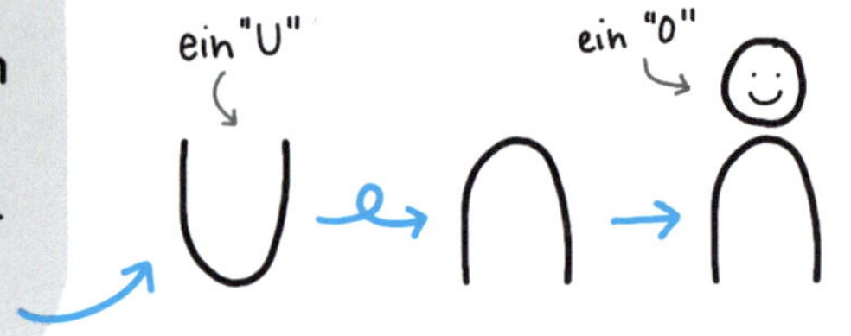

Variationen

Was könnten diese Symbole bedeuten?
Schreibe deine Ideen auf!

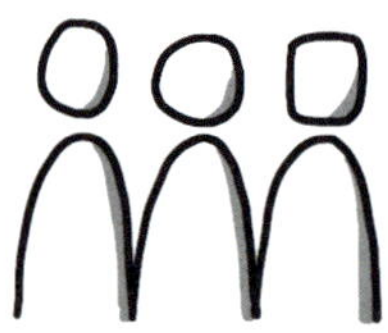

Jutta Korth: Sketchnotes in der Schule. 978-3-589-16934-4. Illustration: Jutta Korth

FIGUREN ZEICHNEN

ARME

12

Du kannst an den Körper deiner Figur auch Arme zeichnen. Dafür brauchst du nur eine gerade oder geschwungene Linie und ein kleines Oval, Dreieck oder Viereck als Hand.

Verschiedene Arme + Hände

Was könnten die Figuren sagen?
Schreibe deine Ideen in die Sprechblasen!

Jutta Korth: Sketchnotes in der Schule. 978-3-589-16934-4. Illustration: Jutta Korth

FIGUREN ZEICHNEN

Jetzt bist DU dran!

13

Zeichne die folgenden Figuren:

2 Personen, die sich mögen	deine Familie
2 Personen, die Streit haben	eine Person, die etwas gut findet
eine Arbeitsgruppe	2 Personen, die sich die Hand geben
eine Person, die auf ein Ziel zeigt	eine Person, die sich freut

Jutta Korth: Sketchnotes in der Schule. 978-3-589-16934-4. Illustration: Jutta Korth

EMOTIONEN ZEICHNEN

Jetzt bist **DU** dran!

Emotionen erkennt man vor allem an den Augenbrauen und dem Mund. Unten siehst du verschiedene Brauen- und Mundformen. Kombiniere sie zu unterschiedlichen Gesichtsausdrücken! Was könnten die jeweiligen Emotionen bedeuten?

Gesichtsmatrix inspiriert von Nadine Roßa

Tipp:
In deinem Handy findest du viele weitere Emojis!

Jutta Korth: Sketchnotes in der Schule. 978-3-589-16934-4. Illustration: Jutta Korth

6 Figuren in Bewegung zeichnen

Zum Hintergrund

Eine Figur in Bewegung braucht sowohl Arme als auch Beine. Für eine solche Figur empfiehlt es sich, den Oberkörper als Rechteck zu zeichnen, da man die Arme und Beine an den Ecken des Rechtecks besser ansetzen kann als an einer gebogenen Linie. Dazu kommen ein Kreis oder Oval als Kopf und jeweils zwei Linien für die Arme und Beine. Zusätzlich kann man einfache Füße und Hände andeuten.

Der Oberkörper, die Arme und die Beine sind auf den Vorlagen jeweils ungefähr doppelt so lang wie der Kopf. Diese Größenverhältnisse entsprechen nicht den natürlichen menschlichen Proportionen – normalerweise ist der Kopf im Verhältnis zum Körper viel kleiner. Für Figuren in Sketchnotes haben sich aber die hier angewandten Proportionen bewährt. Man kann den Kopf auch noch deutlich größer zeichnen, dann sehen die Figuren niedlicher bzw. kindlicher aus.

In der Mitte der Arme und Beine befinden sich die Ellenbogen- bzw. Kniegelenke. An diesen Stellen können die Gliedmaßen geknickt werden. Zeichnen Sie die Gelenke in der Mitte der Arm- und Beinlinien, sonst könnte die Figur anatomisch seltsam aussehen.

Tipp: Wenn man solche bewegten Posen (ab)zeichnen möchte, empfiehlt es sich, mit dem Oberkörper anzufangen und dabei auf dessen Biegung und Stellung im Raum zu achten. Danach folgen der Kopf und dann Arme und Beine. Diese Reihenfolge hat sich bewährt, da der Oberkörper das zentrale Element für die gesamte Körperhaltung ist.

Methodische Tipps

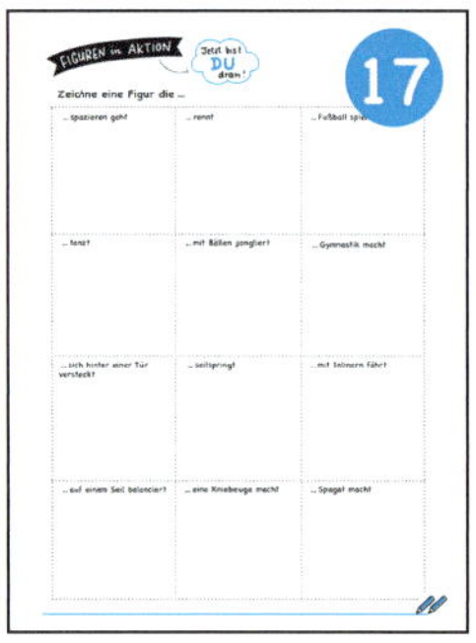

KV 15–17:

Auf KV 15 sind die wichtigsten Tipps zum Zeichnen von bewegten Figuren zusammengefasst. KV 16 zeigt eine Sammlung von vielen kleinen Akteuren bei unterschiedlichen Beschäftigungen. Mit diesen Tipps und Vorlagen können die Lernenden auf KV 17 eigene Figuren zu vorgegebenen Posen zeichnen. Diese Übung können Sie im Unterricht ganz einfach erweitern: Nehmen Sie vor der Gruppe eine bestimmte Pose ein, die die Lernenden als einfache Strichfigur darstellen sollen.

FIGUREN in AKTION

15

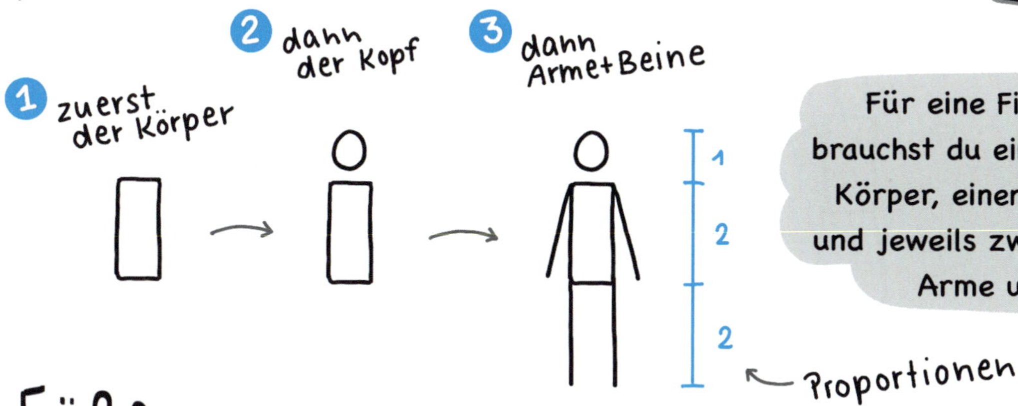

Für eine Figur in Aktion brauchst du einen rechteckigen Körper, einen Kreis als Kopf und jeweils zwei Linien für die Arme und Beine.

Füße

Bewegung

An den Punkten befinden sich Gelenke. An diesen Stellen kannst du die Figur verändern.

Dynamik

Wenn du die Linien für den Oberkörper, die Arme und die Beine nicht ganz gerade, sondern etwas gebogen zeichnest, sieht deine Figur gleich viel lebendiger aus.

Jutta Korth: Sketchnotes in der Schule. 978-3-589-16934-4. Illustration: Jutta Korth

FIGUREN in AKTION

16

Jutta Korth: Sketchnotes in der Schule. 978-3-589-16934-4. Illustration: Jutta Korth

FIGUREN in AKTION

Jetzt bist **DU** dran!

17

Zeichne eine Figur, die ...

... spazieren geht	... rennt	... Fußball spielt
... tanzt	... mit Bällen jongliert	... Gymnastik macht
... sich hinter einer Tür versteckt	... seilspringt	... mit Inlinern fährt
... auf einem Seil balanciert	... eine Kniebeuge macht	... Spagat macht

Jutta Korth: Sketchnotes in der Schule. 978-3-589-16934-4. Illustration: Jutta Korth

7 Köpfe zeichnen

Zum Hintergrund

Einfache Strichfiguren in Sketchnotes benötigen in der Regel kein detailliertes Gesicht. Wenn die gezeichneten Figuren aber etwas „menschlicher“ aussehen sollen, kann man ihnen mit einfachen Augen-, Nasen- und Mundformen sowie einer Frisur etwas mehr Personalität verleihen. Solche Porträts kann man z. B. einsetzen, um ein Selfie auf einen Steckbrief zu zeichnen. Auch berühmte Personen, die mit dem Unterricht zu tun haben (Autor/-innen, Politiker/-innen, Wissenschaftler/-innen) können auf diese Art und Weise abgebildet werden, z. B. um ein Referat oder ein Plakat zu schmücken.

Tipp: Die meisten Mernschen zeichnen die Augen in einem Gesicht zu weit oben ein. Tatsächlich befinden sie sich in der horizontalen Mitte des Kopfes.

Auf dieser Höhe befindet sich übrigens auch die Oberkante der Ohren. Um die Position von Nase und Mund zu bestimmen, kann man die untere Gesichtshälfte durch zwei gedachte waagerechte Linien in drei gleichgroße Teile einteilen. Die Nasenspitze und der Mund liegen ungefähr auf diesen Linien (bei erwachsenen Gesichtern kann die Nase auch etwas länger gezeichnet werden). Die obere Hälfte des Kopfes wird zum großen Teil von den Haaren verdeckt. Man muss sich nicht akribisch an diese Vorgaben halten. Wenn man allerdings zu sehr davon abweicht, sehen die gezeichneten Gesichter „irgendwie merkwürdig“ aus.

Methodische Tipps

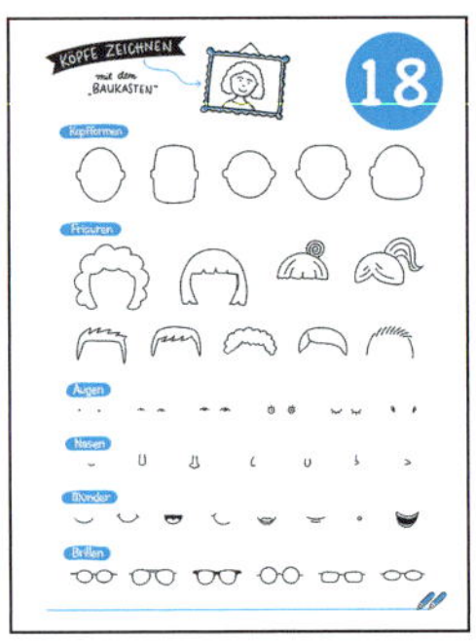

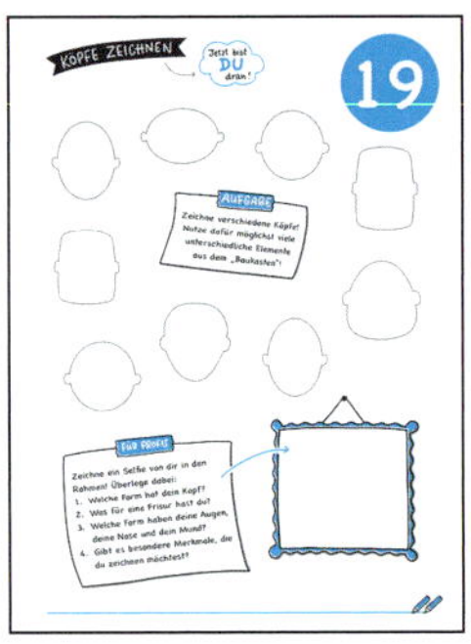

KV 18–20:

KV 18 zeigt einige „Bausteine“, die die Schüler und Schülerinnen auf KV 19 zu unterschiedlichen Fantasie-Gesichtern zusammensetzen sollen. Dafür bietet sich die folgende Vorgehensweise an:

1. Kopfform und Ohren mit Bleistift vorzeichnen (auf KV 19 bereits vorgegeben)
2. Mit Filzstift oder Fineliner die Frisur zeichnen. Anschließend den sichtbaren Teil der Kopfform und der Ohren nachzeichnen, Bleistiftlinie entfernen
3. Augen zeichnen (Achtung: Mitte des Kopfes!), dann Nase, dann Mund zeichnen
4. Individuelle Merkmale wie z. B. Brille, Bart, Ohrringe, Piercings, auffällige Muttermale o. ä. zeichnen

Auf KV 20 sollen die Lernenden ein einfaches Porträt einer berühmten Persönlichkeit zeichnen. Sie erleichtern den Lernenden diese Aufgabe, wenn Sie dafür Personen mit besonderen optischen Merkmalen auswählen (z. B. auffällige Frisur, Bart, Brille o. ä.).

KÖPFE ZEICHNEN

mit dem „BAUKASTEN"

Kopfformen

Frisuren

Augen

Nasen

Münder

Brillen

Jutta Korth: Sketchnotes in der Schule. 978-3-589-16934-4. Illustration: Jutta Korth

KÖPFE ZEICHNEN

Jetzt bist **DU** dran!

19

AUFGABE

Zeichne verschiedene Köpfe! Nutze dafür möglichst viele unterschiedliche Elemente aus dem „Baukasten"!

FÜR PROFIS

Zeichne ein Selfie von dir in den Rahmen! Überlege dabei:

1. Welche Form hat dein Kopf?
2. Was für eine Frisur hast du?
3. Welche Form haben deine Augen, deine Nase und dein Mund?
4. Gibt es besondere Merkmale, die du zeichnen möchtest?

Jutta Korth: Sketchnotes in der Schule. 978-3-589-16934-4. Illustration: Jutta Korth

PORTRÄTS ZEICHNEN

wie ein PROFI!

20

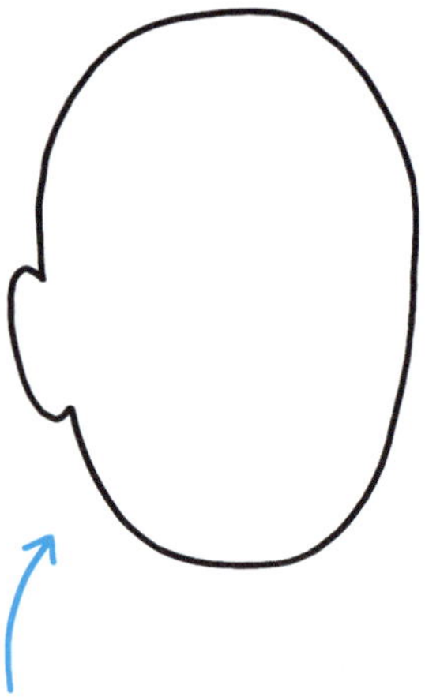

KOPFFORM + OHR(EN)

UMRISS DER FRISUR

HAARE

AUGEN / NASE / MUND / BART

DETAILS

AUFGABE

Zeichne das Porträt einer berühmten Persönlichkeit deiner Wahl!

Jutta Korth: Sketchnotes in der Schule. 978-3-589-16934-4. Illustration: Jutta Korth. Foto: © imago images/agefotostock

8 Vollkörper-Figuren zeichnen

Zum Hintergrund

Auch die Körper von den einfachen Strichfiguren lassen sich mit wenigen weiteren Strichen zu ansehnlichen Menschlein erweitern. Dafür zeichnet man sich eine Strichfigur mit Bleistift vor und gibt dem Körper beim Nachzeichnen an den Armen und Beinen mehr Volumen. Außerdem kann man einen Hals hinzufügen und den Kopf mit Gesicht und Frisur versehen (Symbolvorlagen hierzu auf KV 17). Selbstverständlich lassen sich diese kleinen Menschlein auch mit Kleidung und weiteren Accessoires verschönern und personalisieren. Anschließend wird die Bleistift-Zeichnung wieder entfernt.

Tipp: Wichtig ist beim Nachzeichnen, dass man die Körperteile bzw. Accessoires, die sich im Vordergrund befinden, zuerst zeichnet. Wenn sich also ein Arm vor dem Körper befindet, sollte man zuerst die Umrisse dieses Armes zeichnen und anschließend die Teile, die im Hintergrund sind.

Um Sketchnotes anzufertigen, ist es nicht unbedingt notwendig, solche detaillierten Figuren zu zeichnen. Im Unterricht kann es allerdings Sinn machen, konkrete Menschen zu zeichnen. Sie können diese Übung z. B. einsetzen, wenn Sie Personen aus einer Lektüre darstellen möchten oder wenn die Lernenden Comics oder Mini-Storys zu einem bestimmten Thema zeichnen sollen. Bedenken Sie aber bitte, dass es sich hierbei um eine Übung für Fortgeschrittene handelt.

Methodische Tipps

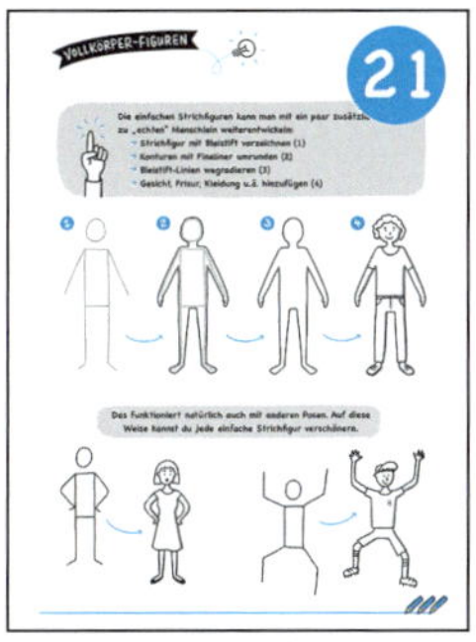

KV 21–22:

Auf KV 21 lernen die Schüler und Schülerinnen das Verfahren kennen, mit dem man die einfachen Strichfiguren zu Figuren mit einem „richtigen" Körper weiterentwickeln kann.

Auf KV 22 sollen sie diese Technik direkt in die Tat umsetzen und über die vorgegebenen Strichfiguren kleine Persönlichkeiten mit Kleidung und Gesicht zeichnen. Für jüngere Kinder oder Lernende mit motorischen Einschränkungen ist es hilfreich, wenn Sie dieses Blatt im Format DIN A3 kopieren.

VOLLKÖRPER-FIGUREN

21

Die einfachen Strichfiguren kann man mit ein paar zusätzlichen Linien zu „echten“ Menschlein weiterentwickeln:

- → Strichfigur mit Bleistift vorzeichnen (1)
- → Konturen mit Fineliner umrunden (2)
- → Bleistift-Linien wegradieren (3)
- → Gesicht, Frisur, Kleidung u.ä. hinzufügen (4)

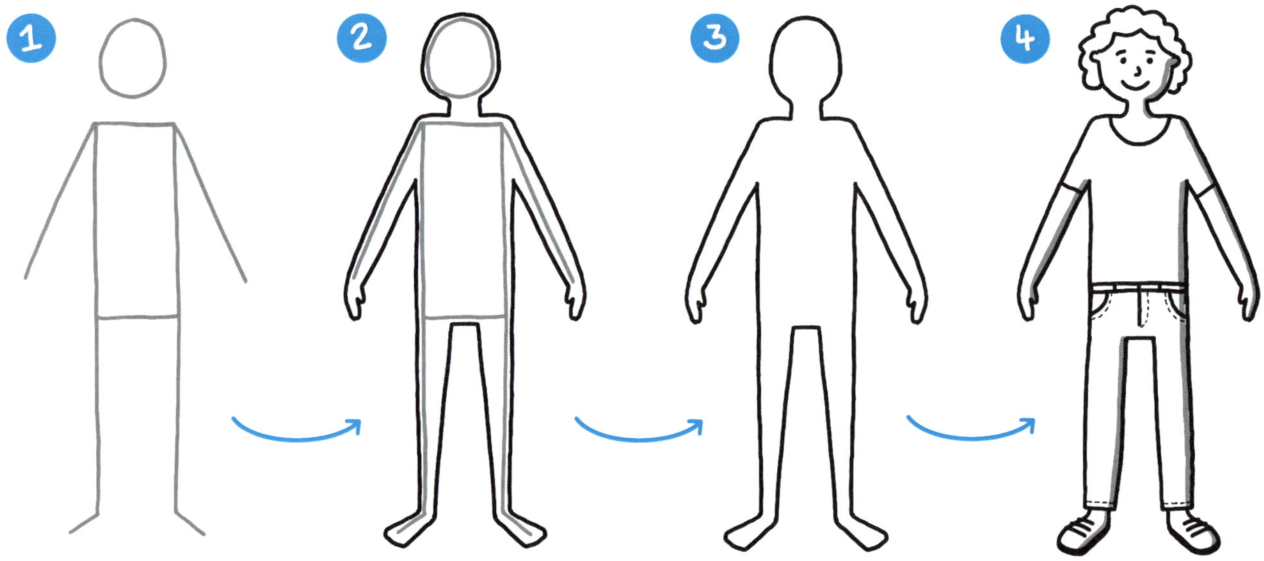

Das funktioniert natürlich auch mit anderen Posen. Auf diese Weise kannst du jede einfache Strichfigur verschönern.

Jutta Korth: Sketchnotes in der Schule. 978-3-589-16934-4. Illustration: Jutta Korth

VOLLKÖRPER-FIGUREN

Jetzt bist **DU** dran!

22

AUFGABE

Ergänze die vorgegebenen Strichfiguren mit Körpern, Gesichtern, Frisuren und Kleidung!
TIPP: Zeichne als Erstes die Körperteile oder die Kleidungsstücke, die im Vordergrund sind!

Jutta Korth: Sketchnotes in der Schule. 978-3-589-16934-4. Illustration: Jutta Korth

9 Ausgestaltung von Sketchnotes

Zum Hintergrund

Wenn man die gezeichneten Symbole noch etwas „echter" aussehen lassen möchte, kann man einen kleinen Trick anwenden und ihnen einen Schatten hinzufügen. Dadurch heben sich die Symbole etwas vom Hintergrund ab, bekommen eine Art optische Tiefenwirkung und sehen insgesamt plastischer aus. Man braucht einen solchen Schatten nicht unbedingt. Da es sich beim Schattieren aber um eine relativ einfache Technik mit großer Wirkung handelt, wird sie gerne angewendet.

Beim Thema Farbe dagegen geht es nicht nur um die Verschönerung einer Sketchnote. Mit Farbe kann man auch inhaltliche Akzente setzen, z. B. indem man einzelne Wörter, Symbole oder Passagen farbig hervorhebt oder zusammengehörige Passagen mit der gleichen Farbe markiert. Grundsätzlich sollte man eine Sketchnote nicht zu bunt gestalten, da das Auge sonst von dem Inhalt zu sehr abgelenkt wird. Farbige Akzente in zwei bis drei verschiedenen Farbtönen reichen meistens aus.

Methodische Tipps

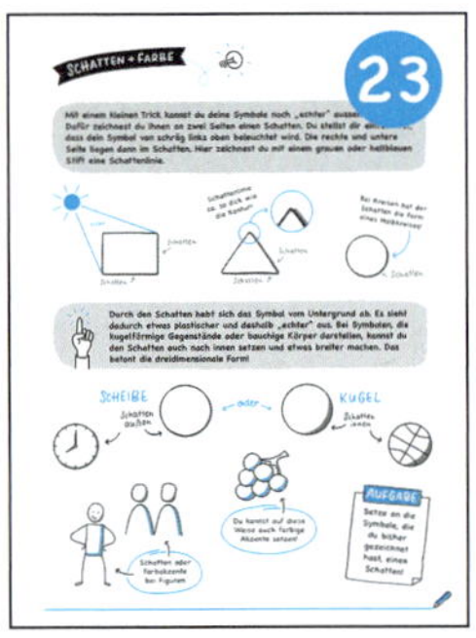

KV 23

Auf diesem Blatt erfahren die Schüler und Schülerinnen, wie man in einer Sketchnote einfache Schatten und Farbakzente setzt. Vor allem jüngere Kinder neigen dazu, Symbole komplett mit Farbe auszumalen (Malbucheffekt). Das ist nicht unbedingt notwendig und für die plastische Wirkung eines Symbols sogar kontraproduktiv. Meist reicht es aus, die Farbe nur anzudeuten, und zwar auf der gleichen Seite des Symbols, an der man auch den Schatten setzen würde. Beim Schattieren gibt es kein Richtig oder Falsch. Achten Sie nur darauf, dass sich die Schatten und Farbakzente innerhalb einer Sketchnote jeweils auf der gleichen Seite der Symbole befinden.

Variation/Ergänzung

Zeichnen Sie eine Sketchnote nur mit Text und Symbolen in schwarzer Farbe und kopieren Sie diese mehrfach. Gestalten Sie bzw. die Lernenden dann die Kopien jeweils auf andere Art und Weise:

- Fügen Sie auf einer Kopie Schatten hinzu.
- Fügen Sie auf einer Kopie farbige Akzente in einem Farbton hinzu.
- Fügen Sie auf einer Kopie farbige Akzente in zwei Farbtönen hinzu.
- Gestalten Sie eine Kopie sehr bunt mit vielen verschiedenen Farbtönen.

Vergleichen Sie dann alle Versionen miteinander und werten Sie sie gemeinsam mit den Schülern und Schülerinnen aus. Was sieht am ansprechendsten aus? Was wirkt am aufgeräumtesten? Wie kann man Farbe auf einer Sketchnote einsetzen? Welche Farben haben welche Wirkung?
Letztendlich ist die Wahl der Farben eine Geschmacksfrage und sollte den Schülern und Schülerinnen überlassen werden. Sensibilisieren Sie sie aber dafür, dass man Farbe auch zielgerichtet einsetzen kann.

SCHATTEN + FARBE

23

Mit einem kleinen Trick kannst du deine Symbole noch „echter" aussehen lassen. Dafür zeichnest du ihnen an zwei Seiten einen Schatten. Du stellst dir einfach vor, dass dein Symbol von schräg links oben beleuchtet wird. Die rechte und untere Seite liegen dann im Schatten. Hier zeichnest du mit einem grauen oder hellblauen Stift eine Schattenlinie.

Durch den Schatten hebt sich das Symbol vom Untergrund ab. Es sieht dadurch etwas plastischer und deshalb „echter" aus. Bei Symbolen, die kugelförmige Gegenstände oder bauchige Körper darstellen, kannst du den Schatten auch nach innen setzen und etwas breiter machen. Das betont die dreidimensionale Form!

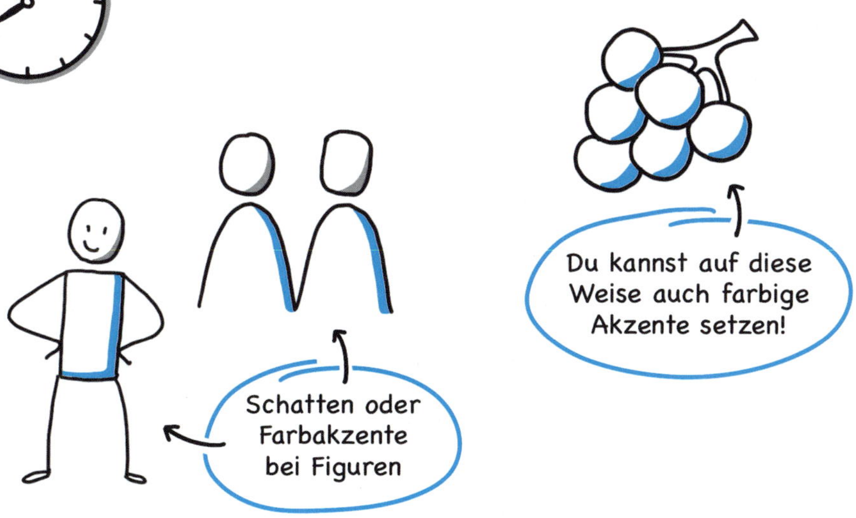

AUFGABE

Setze an die Symbole, die du bisher gezeichnet hast, einen Schatten!

Jutta Korth: Sketchnotes in der Schule. 978-3-589-16934-4. Illustration: Jutta Korth

10 Text in Sketchnotes

Zum Hintergrund

Textpassagen in Sketchnotes werden in der „normalen“ Handschrift geschrieben. Wichtige Wörter, Textstellen oder Überschriften kann man visuell hervorheben, indem man deren Schrift besonders gestaltet. Wichtig ist, **einzelne Wörter** zu betonen und nicht den gesamten Text einer Sketchnote auf diese Art und Weise zu gestalten. Denn es geht hierbei weniger um eine dekorative Wirkung, sondern vielmehr darum, einzelnen wichtigen Textstellen mehr Aufmerksamkeit zu verleihen.

Auch **Textcontainer** sind ein einfaches Gestaltungsmittel, mit dem man Wörter oder Textblöcke hervorheben oder voneinander abgrenzen kann. Sie bestehen aus einfachen Formen, die eine Textstelle umrahmen und ihr dadurch eine besondere Bedeutung geben.

Tipp: Zuerst den Text schreiben, dann den Container darum herum zeichnen!

Methodische Tipps

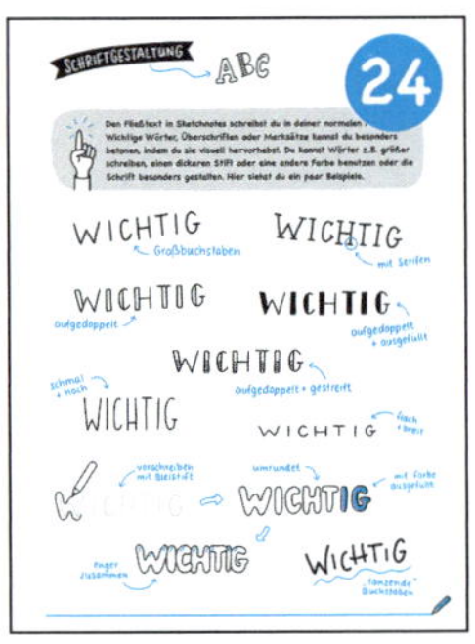

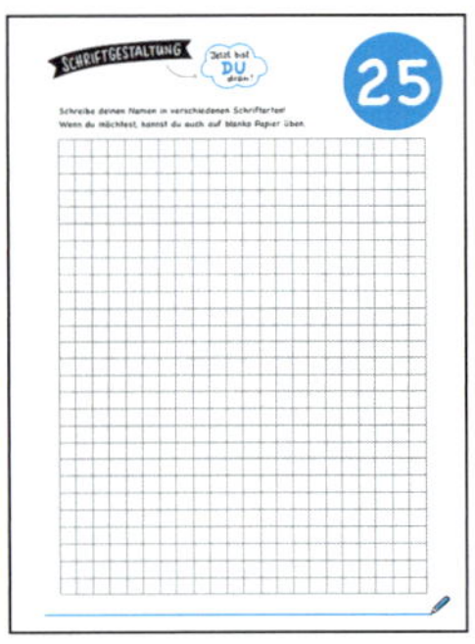

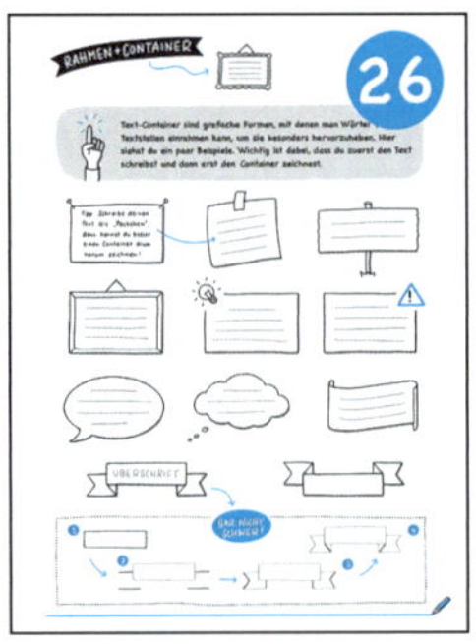

KV 24–27:

KV 24 zeigt eine kleine Auswahl von Schriftvariationen. Weitere Beispiele finden Sie im Internet unter dem Suchbegriff „Lettering Alphabet“. Auf KV 25 sollen die Schüler und Schülerinnen ihren eigenen Namen (oder andere vorgegebene Begriffe) in verschiedenen Schriftarten darstellen. Das vorgegebene Raster soll die Orientierung und die Einhaltung einer bestimmten Schriftgröße erleichtern. Ermuntern Sie Ihre Schüler und Schülerinnen aber auch, diese Schriftvariationen auf Blanko-Papier auszuprobieren. KV 26 zeigt verschiedene Textcontainer. Besprechen Sie mit Ihren Schülern und Schülerinnen, wofür man welche Container sinnvoll einsetzen könnte (z. B. Zitate, Merksätze, Informationen, Ideen, Formeln usw.). Auf KV 27 sollen die Lernenden selbstständig passende Container zu vorgegebenen Themen zeichnen.

Didaktischer Hinweis

Das Grundprinzip von Sketchnotes ist, Informationen möglichst nicht in ganzen Sätzen, sondern als Stichpunkte festzuhalten, die man in Form von kurzen Textblöcken notiert, um den Augen das Erfassen der Information zu erleichtern. Gegebenenfalls müssen Sie mit den Schülern und Schülerinnen zuvor üben, Informationen zu filtern und in Stichpunkten zusammenzufassen.

SCHRIFTGESTALTUNG

24

Den Fließtext in Sketchnotes schreibst du in deiner normalen Handschrift. Wichtige Wörter, Überschriften oder Merksätze kannst du besonders betonen, indem du sie visuell hervorhebst. Du kannst Wörter z.B. größer schreiben, einen dickeren Stift oder eine andere Farbe benutzen oder die Schrift besonders gestalten. Hier siehst du ein paar Beispiele.

Jutta Korth: Sketchnotes in der Schule. 978-3-589-16934-4. Illustration: Jutta Korth

SCHRIFTGESTALTUNG

Jetzt bist **DU** dran!

25

Schreibe deinen Namen in verschiedenen Schriftarten!
Wenn du möchtest, kannst du auch auf blanko Papier üben.

Jutta Korth: Sketchnotes in der Schule. 978-3-589-16934-4. Illustration: Jutta Korth

RAHMEN + CONTAINER

26

Text-Container sind grafische Formen, mit denen man Wörter oder Textstellen einrahmen kann, um sie besonders hervorzuheben. Hier siehst du ein paar Beispiele. Wichtig ist dabei, dass du zuerst den Text schreibst und dann erst den Container zeichnest.

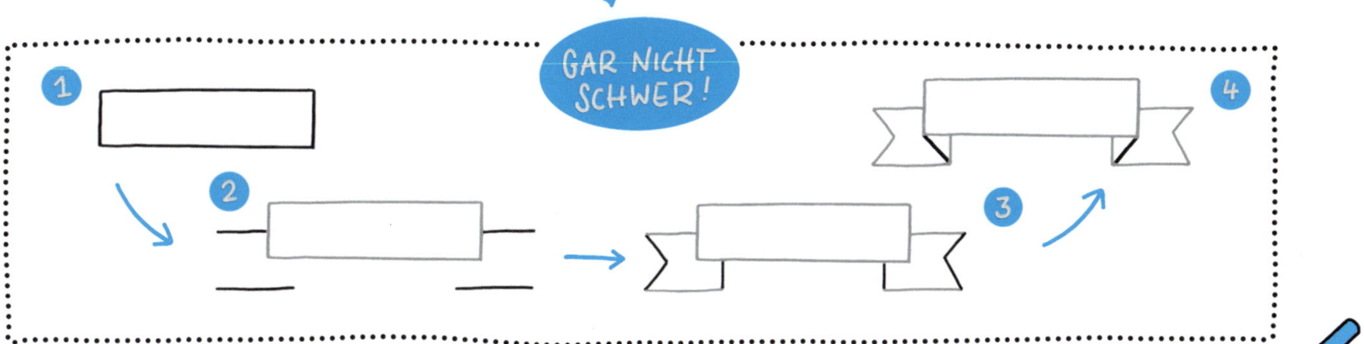

Jutta Korth: Sketchnotes in der Schule. 978-3-589-16934-4. Illustration: Jutta Korth

RAHMEN + CONTAINER

Jetzt bist **DU** dran!

27

AUFGABE

Zeichne um die „Texte" jeweils einen Container. Überlege dabei, welche Form am besten zu der angegebenen Textart passen würde. Unter dem Suchbegriff „Sketchnote Container" findest du im Internet weitere Vorlagen.

Zitat

Merksatz

Klassen-Regeln

Ideen

Haus-aufgaben

Überschrift

Jutta Korth: Sketchnotes in der Schule. 978-3-589-16934-4. Illustration: Jutta Korth

11 Anwendungsideen

Zum Hintergrund

Der Sinn von Sketchnotes ist es, verbale Informationen mit visuellen Elementen zu verknüpfen und in eine übersichtliche Struktur zu bringen. Sie können mit Ihren Schülern und Schülerinnen grundsätzlich jedes Thema aus dem Unterricht in Form einer Sketchnote darstellen. Das ist allerdings eine komplexe Aufgabe: Informationen müssen von den Lernenden aufgenommen werden, die wichtigen Aspekte müssen herausgefiltert und anschließend müssen die Kernideen aufgezeichnet werden. Mit den Übungsvorlagen in diesem Kapitel werden die Lernenden langsam an diese komplexe Anforderung herangeführt.

Hier geht es jetzt also nicht mehr um das bloße Nachzeichnen von vorgegebenen Symbolen, sondern darum, dass die Lernenden Informationen, Inhalte und Ideen selbstständig in visuelle Notizen „übersetzen". Bei den Kopiervorlagen 28 bis 33 sind die Informationen oder die Struktur bereits vorgegeben, diese Übungen sind daher etwas einfacher und eignen sich für den Einstieg in komplexe Sketchnotes.

Bei den Vorlagen 34 bis 39 handelt es sich um anspruchsvollere Aufgaben, da hier lediglich eine Fragestellung vorgegeben ist und die Inhalte und die Struktur von den Lernenden entwickelt werden müssen. Ich empfehle Ihnen, diese Vorlagen im Format DIN A3 auszudrucken.

Methodische Tipps

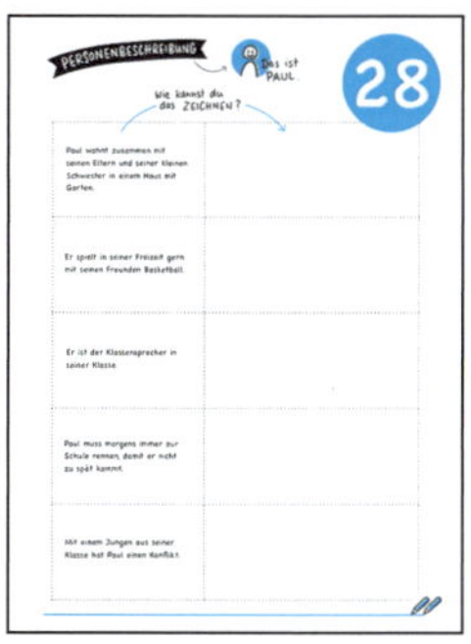

KV 28: Personenbeschreibung

Bei dieser ersten komplexeren Sketchnote-Übung geht es darum, Informationen über eine Person zu visualisieren. Gezeichnete Personen-Beschreibungen können Sie z. B. bei der Arbeit mit Büchern oder Texten einsetzen. Wenn Sie im Unterricht ein Buch lesen, dann lassen Sie die Lernenden schon beim Lesen eine Sketchnote anlegen, in die sie alle wichtigen Informationen über die jeweilige(n) Hauptperson(en) einzeichnen. Auch das Beziehungsgeflecht zwischen den beteiligten Personen oder die Familienstrukturen lassen sich visualisieren. Das ist vor allem bei Romanen mit komplizierten Personenstrukturen hilfreich.

KV 29: Textbearbeitung

Dies ist eine Übung, bei der Informationen aus einem Text als visuelle Notizen festgehalten werden sollen, hier am Beispiel eines Info-Textes über Sketchnotes. Diese Art von visueller Textbearbeitung ist grundsätzlich für jedes Thema denkbar. Schon bei der Lektüre eines Textes kann man am Rand die wichtigen Aspekte in Form von Symbolen festhalten. Dies wirkt sich nicht nur positiv auf das Gedächtnis aus, sondern führt auch dazu, dass man sich in dem Text anschließend leichter orientieren kann.

Grundsätzlich kann man jeden Text auf diese Art und Weise bearbeiten. Wiederholen Sie diese Übung mit Texten aus Ihrem Unterricht. Wenn es sich dabei um Texte mit speziellen Begriffen handelt, empfiehlt es sich, vorab gemeinsam eine passende Symbolsammlung zu entwickeln.

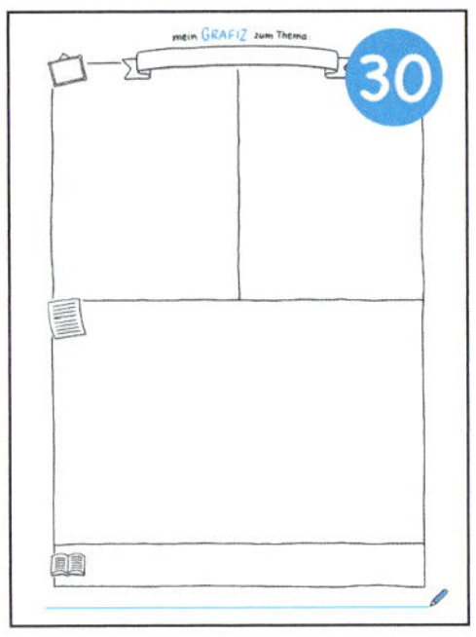

KV 30: Grafiz

Dieses Arbeitsblatt ist eine Vorlage für ein Grafiz. Ein Grafiz (Wort-Schöpfung aus Grafik und Notiz, teilweise auch als Graf-iz bezeichnet) ist eine Lernmethode, bei der ein Sachverhalt bzw. ein Thema von den Schülern und Schülerinnen auf einer DIN-A4-Seite zusammengefasst dargestellt wird. Diese Seite wird immer in die gleichen Bereiche aufgeteilt:

- aussagekräftige Überschrift,
- obere Hälfte links: Grafik zu dem Thema (z. B. Symbole, Skizze),
- obere Hälfte rechts: wichtigste Aspekte in Stichpunkten,
- untere Hälfte: Fließtext.
- Außerdem habe ich auf der KV eine Zeile für Literatur- und Quellenverweise hinzugefügt.

Ziel der Methode ist es, dass die Lernenden ein Thema auf drei verschiedenen Ebenen verarbeiten und durch die Verknüpfung von Bild und Text besser verstehen und länger im Gedächtnis behalten. Sie können diese Vorlage für jedes beliebige Unterrichtsthema verwenden.

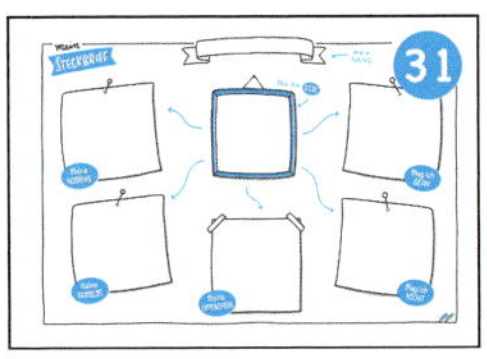

KV 31 + 32: Steckbrief

Diese Vorlagen dienen dazu, einen Steckbrief zu erstellen. KV 31 eignet sich für einen persönlichen Steckbrief. Um ein Selbstporträt in die Mitte zu zeichnen, können Sie den Lernenden zusätzlich KV 17 zur Verfügung stellen.

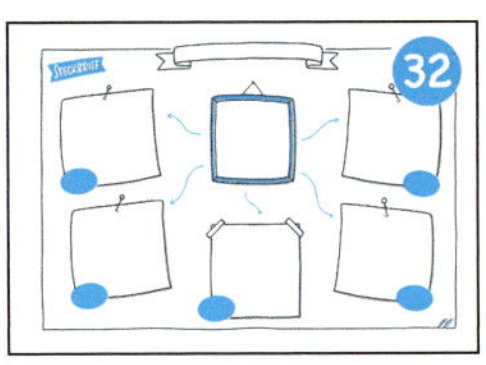

Wenn Sie andere Kategorien für den Steckbrief wünschen, nutzen Sie KV 32 und tragen die Bildunterschriften selbstständig ein. Die Lernenden können diese allgemein gehaltene Vorlage z. B. auch nutzen, um andere Personen, Bücher, Städte, Länder usw. vorzustellen.

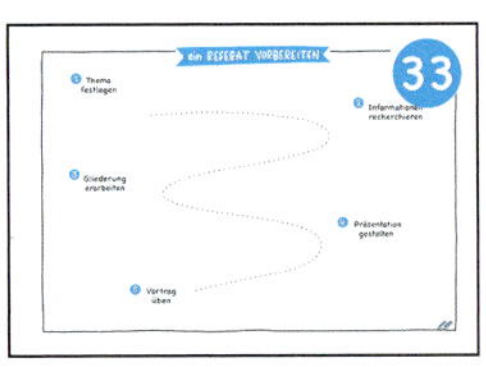

KV 33: Ein Referat vorbereiten

Arbeitsanleitungen mit Sketchnotes helfen den Schülern und Schülerinnen, komplexe Tätigkeiten zu durchdringen, besser zu verstehen und besser zu planen. Ich habe zur Übung hier das Thema „Ein Referat vorbereiten" gewählt, weil es für alle Klassenstufen und Schulformen relevant ist, und die einzelnen Arbeitsschritte bereits vorgegeben. Die Lernenden sollen zu jedem Arbeitsschritt die wichtigsten Hinweise in Text- und Bildform ergänzen.

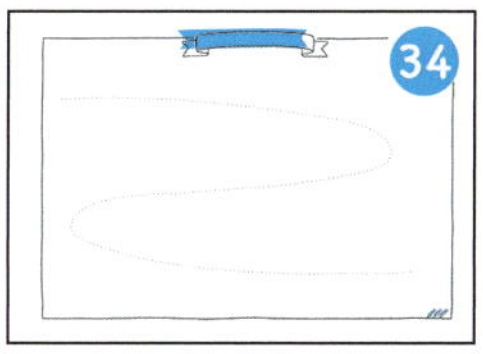

KV 34: Ablauf Blanko

Mit solchen visualisierten Anleitungen kann man z. B. auch Experimente protokollieren, die Verwendung eines Werkzeuges erklären, die Zubereitung eines Gerichtes bebildern usw. Dieses Arbeitsblatt bietet dafür eine allgemeine Vorlage. Fordern Sie die Schüler und Schülerinnen dabei auf, sich zuerst die einzelnen Schritte zu überlegen und in die richtige Reihenfolge zu bringen, um dann den gesamten Ablauf zu visualisieren. Diese Vorlage eignet sich auch zur Dokumentation von Ausflügen, Exkursionen, Klassenfahrten, Projekttagen, Praktikums- bzw. Berufserkundungstagen und hat einen größeren Motivationsfaktor als die üblichen schriftlichen Berichte.

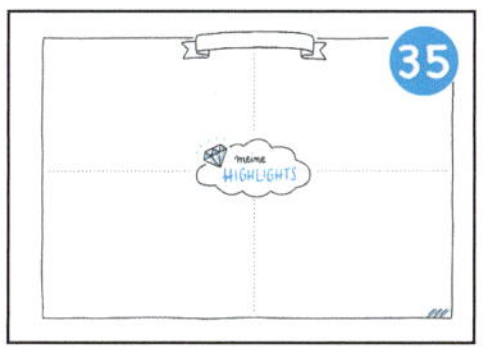

KV 35: Meine Highlights

Hier ein Beispiel, wie Sie Sketchnotes zu Reflexionszwecken einsetzen können. Lassen Sie die Schüler und Schülerinnen ihre persönlichen Highlights darstellen, z. B. der Klassenfahrt, der Projektwoche, des Betriebspraktikums, des Schuljahres usw. Es ist nachgewiesen, dass die meisten Menschen mehr negative als positive Gedanken haben. Davon sind auch Kinder und Jugendliche betroffen. Mit dieser Übung wird der Fokus bewusst auf die positiven Momente gerichtet. Diese werden dabei nicht nur in Erinnerung gerufen, sondern durch die Visualisierung auch stärker im Gehirn verankert.

KV 36 + 37: Fantasiefragen

Diese beiden Arbeitsblätter sind Vorlagen für Sketchnotes im Mindmap-Format. In der Mitte befindet sich die zentrale Aussage (Fragestellung, Thema o. ä.) mit einem entsprechenden Schlüsselbild. Darum herum sollen die Lernenden ihre Ideen zu dem Thema aufzeichnen.
Auf KV 36 geht es darum, dass sich die Lernenden in die Rolle einer bestimmten Person, in diesem Fall eines Staatsoberhauptes, hineinversetzen. Selbstverständlich können Sie alternativ auch andere Personen wählen (z.B. Schulleiter/-in, Umweltminister/-in oder Wissenschaftler/-in).

Denkbar ist auch, dass sich die Lernenden, wie auf KV 37, in eine bestimmte Situation hineinversetzen. Weitere Ideen:

- Wenn ich im Mittelalter geboren wäre …
- Wenn ich nicht zur Schule gehen dürfte …
- Wenn in meinem Land Krieg herrschen würde …
- Mein Leben in 10 Jahren …

Solche „Fantasie-Fragen“ leben von Assoziation. Bilder lösen in hohem Maße Assoziationen aus. Deshalb ist es wichtig, dass Sie für die Vorlagen jeweils ansprechende Schlüsselbilder auswählen bzw. zeichnen.

KV 38: Meine Stärken

Auf diesem Blatt können die Schüler und Schülerinnen ihre persönlichen Stärken sichtbar machen. Motivieren Sie sie dazu, die Figur in der Mitte zu personalisieren, um eine stärkere Verbindung zu dem entstehenden Bild zu erreichen. Dafür können die Lernenden die Tipps von KV 17–20 nutzen und Gesicht, Frisur und Bekleidung hinzufügen.

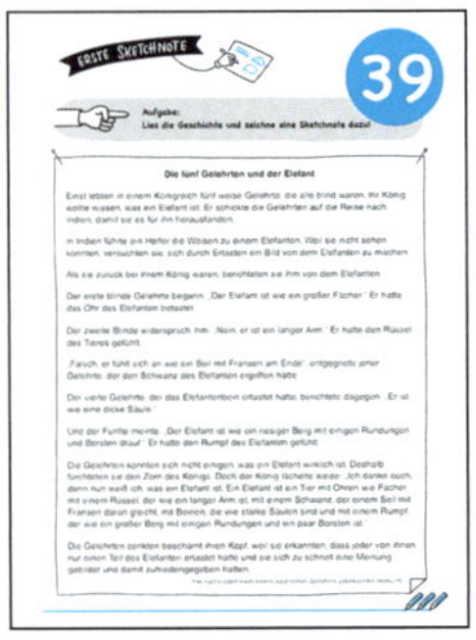

KV 39: Erste Sketchnote „Die fünf Gelehrten und der Elefant“

Die KV 39 enthält einen kurzen Text, der von den Schülern und Schülerinnen in Form einer Sketchnote dargestellt werden soll. Es handelt sich um die Geschichte von den fünf blinden Weisen, die vom König ausgeschickt werden, um einen Elefanten zu erkunden. Diese Geschichte eignet sich aufgrund der bildlichen Sprache gut für eine Übungs-Sketchnote.
Die Lernenden können bei Bedarf selbstständig Symbolvorlagen im Internet recherchieren. Oder Sie geben die Symbole für die wichtigsten Begriffe vor: König, blind, Elefant, Fächer, Arm, Seil, Säule, Borsten.

Weitere Ideen

- **Üben, üben, üben …**
  Sketchnotes lassen sich auch wunderbar üben, indem man die Inhalte eines Videos mitzeichnet. Videos haben im Gegensatz zu mündlichen Vorträgen den großen Vorteil, dass man bei Bedarf auf die Stopptaste drücken oder zurückspulen kann. Für den Einstieg bieten sich z. B. die Videos oder Meldungen der Kindernachrichten „Logo“ vom Kinderkanal an, da diese Beiträge visuell ansprechend aufbereitet sind und daher viele Ideen zum Sketchnoten liefern.

- **Visuelle Produkte**
  Auch wenn ich hier aus Überzeugung Sketchnotes als Lerntechnik präsentiere, müssen Sketchnotes in der Schule nicht immer nur zweckgerichtet sein, sondern dürfen auch einfach mal „nur schön“ sein und Spaß machen. Vielleicht haben Ihre Schüler und Schülerinnen Freude daran, eine Sketchnotes-Postkarte zu einem bestimmten Anlass zu zeichnen (Geburtstag, Ostern, Weihnachten usw.). Auch Rezepte lassen sich wunderbar sketchnoten. Mit einem schönen Rahmen drum herum lassen sich solche Sketchnotes auch gut verschenken. Oder sie verschönern ihre Hefte oder Mappen von außen mit Sketchnote-Symbolen. Oder wie wäre es mit einem Klassenplakat, auf dem alle Schüler und Schülerinnen mit einem Porträt verewigt sind? Ihre Lerngruppe wird bestimmt noch bessere Ideen haben. Unterstützen Sie sie bei deren Umsetzung!

PERSONENBESCHREIBUNG

Das ist PAUL.

Wie kannst du das ZEICHNEN?

Paul wohnt zusammen mit seinen Eltern und seiner kleinen Schwester in einem Haus mit Garten.	
Er spielt in seiner Freizeit gern mit seinen Freunden Basketball.	
Er ist der Klassensprecher in seiner Klasse.	
Paul muss morgens immer zur Schule rennen, damit er nicht zu spät kommt.	
Mit einem Jungen aus seiner Klasse hat Paul einen Konflikt.	

Jutta Korth: Sketchnotes in der Schule. 978-3-589-16934-4. Illustration: Jutta Korth

TEXTBEARBEITUNG mit SKETCHNOTES

29

Mache zu jedem Abschnitt eine VISUELLE Notiz!

Sketchnotes sind visuelle Notizen. Sie heißen so, weil in einer Sketchnote Symbole („sketch") und Textnotizen („notes") kombiniert werden.	
Das menschliche Gehirn kann sich Informationen besser merken, wenn sie aus Text und Bildern bestehen. Deshalb kann man mit Sketchnotes besser lernen.	
Man kann Sketchnotes in der Schule z.B. nutzen, wenn man einen Vortrag hört, wenn man für eine Arbeit lernt, wenn man ein Referat plant oder einfach, um sich wichtige Informationen aufzuschreiben.	
Das Gute daran ist, dass man Sketchnotes leicht lernen kann. Man muss dafür gar nicht besonders gut zeichnen können, denn die Sketchnote-Symbole sind einfach zu erlernen.	
Außerdem machen Sketchnotes Spaß!	

Jutta Korth: Sketchnotes in der Schule. 978-3-589-16934-4. Illustration: Jutta Korth

mein **GRAFIZ** zum Thema:

Jutta Korth: Sketchnotes in der Schule. 978-3-589-16934-4. Illustration: Jutta Korth

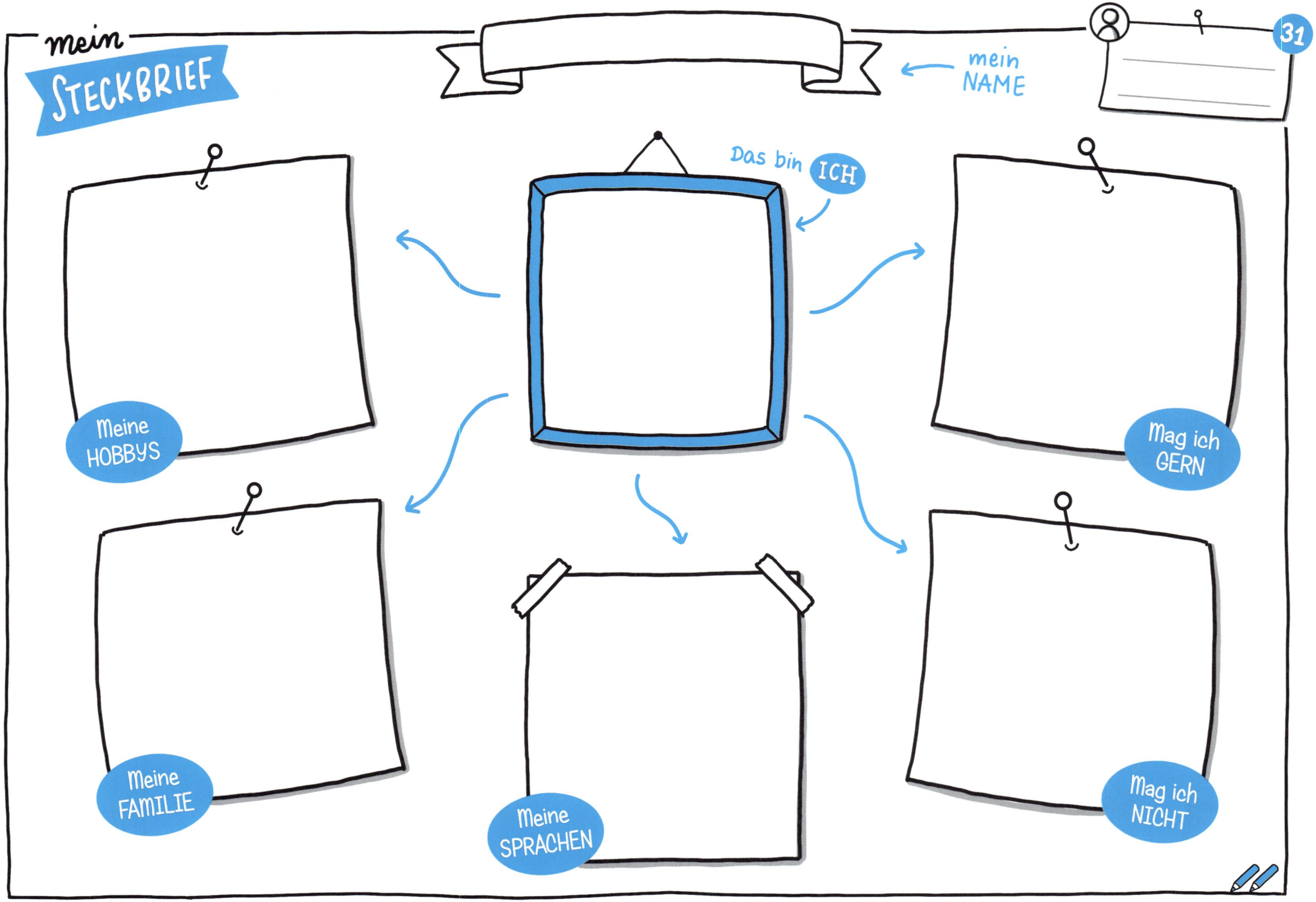

Jutta Korth: Sketchnotes in der Schule. 978-3-589-16934-4. Illustration: Jutta Korth

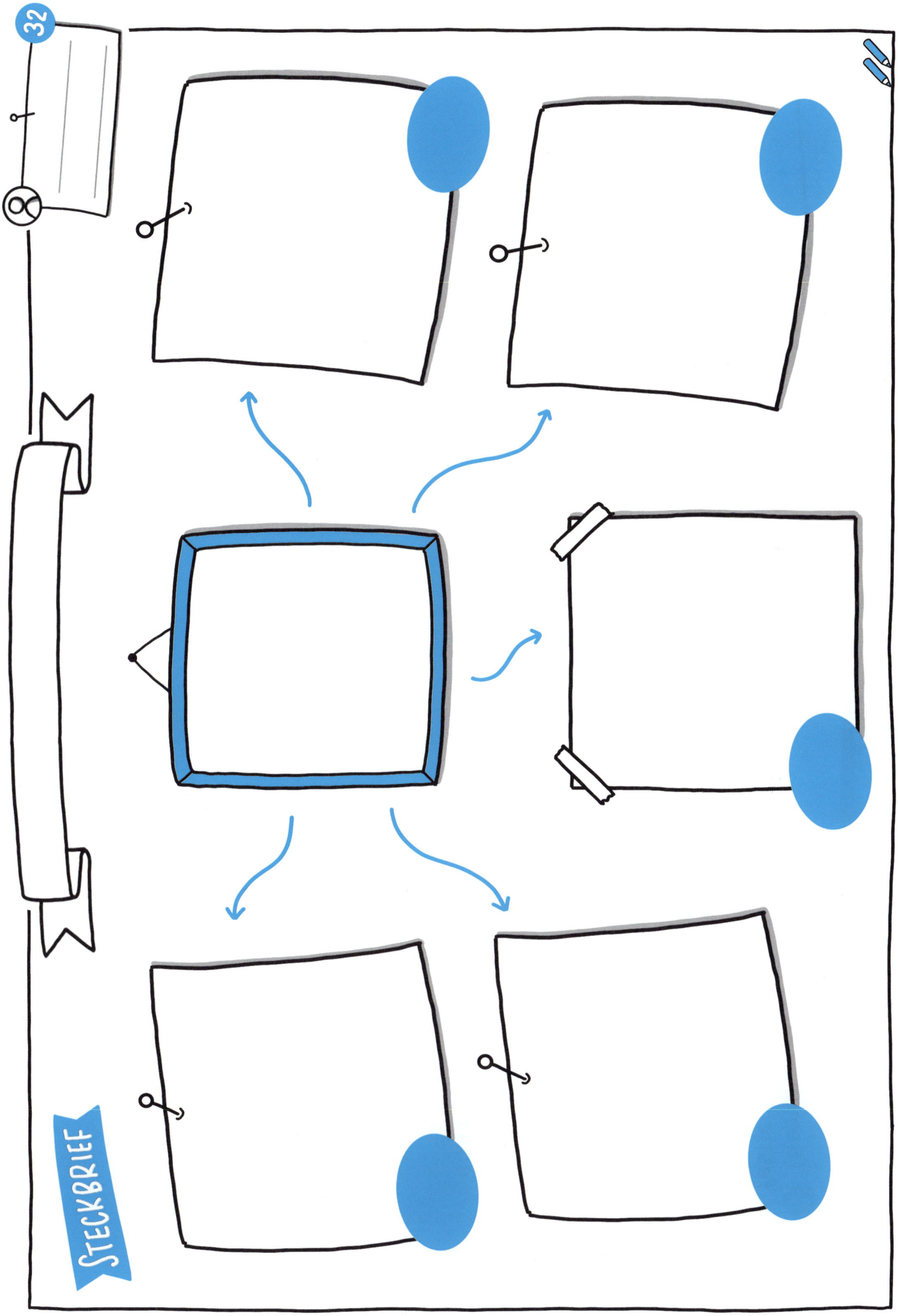

Jutta Korth: Sketchnotes in der Schule. 978-3-589-16934-4. Illustration: Jutta Korth

ein REFERAT VORBEREITEN

33

1 Thema festlegen

2 Informationen recherchieren

3 Gliederung erarbeiten

4 Präsentation gestalten

5 Vortrag üben

Jutta Korth: Sketchnotes in der Schule. 978-3-589-16934-4. Illustration: Jutta Korth

34

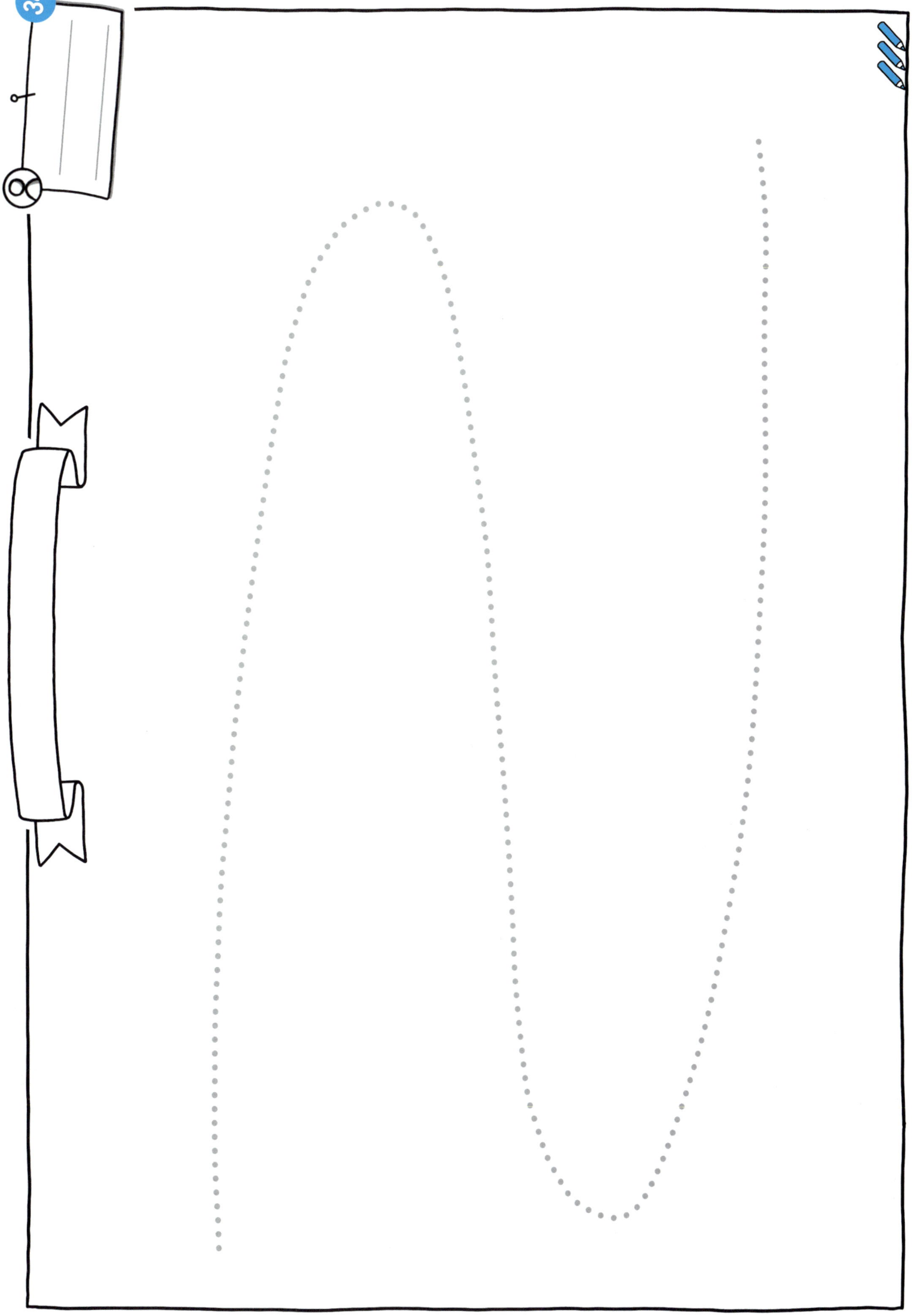

Jutta Korth: Sketchnotes in der Schule. 978-3-589-16934-4. Illustration: Jutta Korth

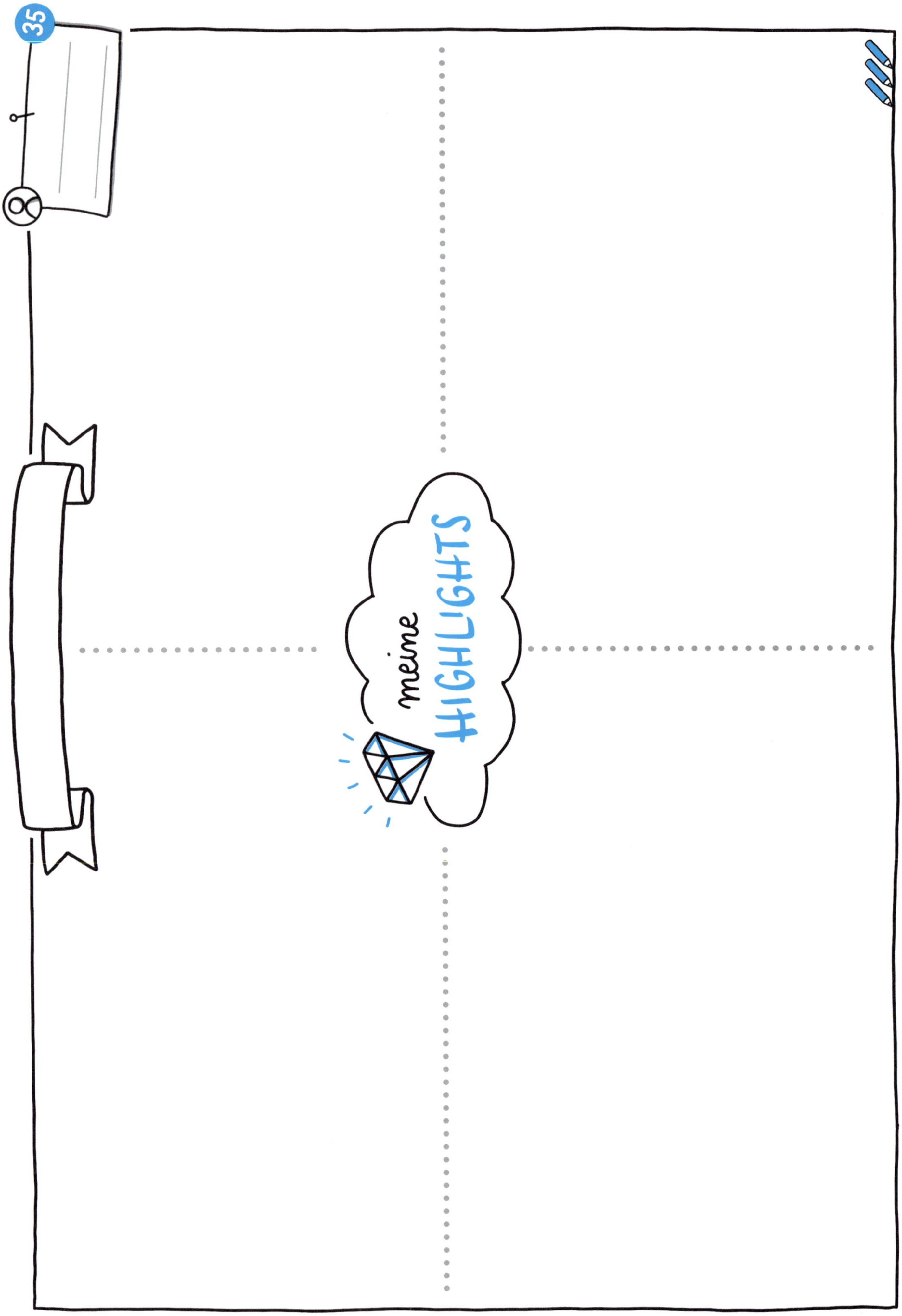

Jutta Korth: Sketchnotes in der Schule. 978-3-589-16934-4. Illustration: Jutta Korth

Wenn ich
Bundeskanzler/-in
wäre, würde ich ...

37

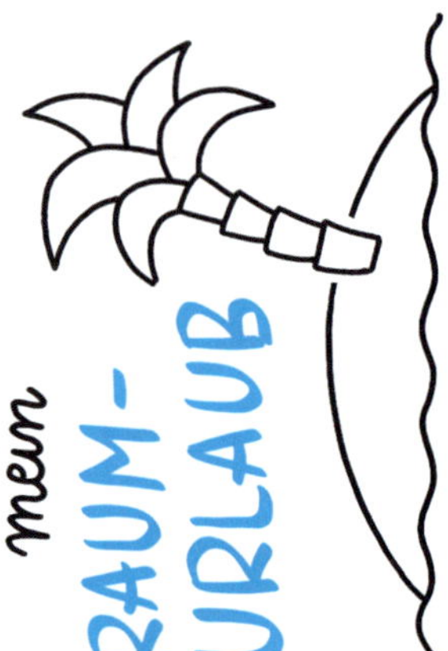

mein TRAUM-URLAUB

Jutta Korth: Sketchnotes in der Schule. 978-3-589-16934-4. Illustration: Jutta Korth

MEINE STÄRKEN

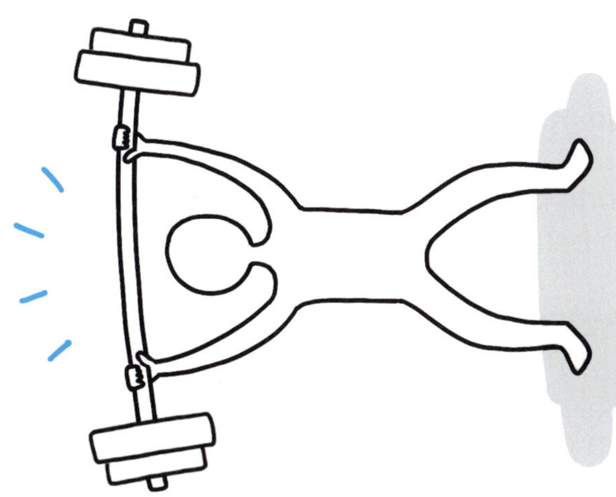

Jutta Korth: Sketchnotes in der Schule. 978-3-589-16934-4. Illustration: Jutta Korth

ERSTE SKETCHNOTE

39

Aufgabe:
Lies die Geschichte und zeichne eine Sketchnote dazu!

Die fünf Gelehrten und der Elefant

Einst lebten in einem Königreich fünf weise Gelehrte, die alle blind waren. Ihr König wollte wissen, was ein Elefant ist. Er schickte die Gelehrten auf die Reise nach Indien, damit sie es für ihn herausfanden.

In Indien führte ein Helfer die Weisen zu einem Elefanten. Weil sie nicht sehen konnten, versuchten sie, sich durch Ertasten ein Bild von dem Elefanten zu machen.

Als sie zurück bei ihrem König waren, berichteten sie ihm von dem Elefanten.

Der erste blinde Gelehrte begann: „Der Elefant ist wie ein großer Fächer.“ Er hatte das Ohr des Elefanten betastet.

Der zweite Blinde widersprach ihm: „Nein, er ist ein langer Arm.“ Er hatte den Rüssel des Tieres gefühlt.

„Falsch, er fühlt sich an wie ein Seil mit Fransen am Ende“, entgegnete jener Gelehrte, der den Schwanz des Elefanten ergriffen hatte.

Der vierte Gelehrte, der das Elefantenbein ertastet hatte, berichtete dagegen: „Er ist wie eine dicke Säule.“

Und der Fünfte meinte: „Der Elefant ist wie ein riesiger Berg mit einigen Rundungen und Borsten drauf.“ Er hatte den Rumpf des Elefanten gefühlt.

Die Gelehrten konnten sich nicht einigen, was ein Elefant wirklich ist. Deshalb fürchteten sie den Zorn des Königs. Doch der König lächelte weise: „Ich danke euch, denn nun weiß ich, was ein Elefant ist. Ein Elefant ist ein Tier mit Ohren wie Fächer, mit einem Rüssel, der wie ein langer Arm ist, mit einem Schwanz, der einem Seil mit Fransen daran gleicht, mit Beinen, die wie starke Säulen sind und mit einem Rumpf, der wie ein großer Berg mit einigen Rundungen und ein paar Borsten ist.“

Die Gelehrten senkten beschämt ihren Kopf, weil sie erkannten, dass jeder von ihnen nur einen Teil des Elefanten ertastet hatte und sie sich zu schnell eine Meinung gebildet und damit zufriedengegeben hatten.

(frei nacherzählt nach einem asiatischen Gleichnis unbekannter Herkunft)

Jutta Korth: Sketchnotes in der Schule. 978-3-589-16934-4. Illustration: Jutta Korth

12 Kreative Übungen

Kreativität ist Intelligenz, die Spaß hat! So soll es zumindest Albert Einstein gesagt haben. Mit Spaß geht es deshalb in diesem Kapitel weiter. Hier finden Sie Übungen, die auf spielerische Art und Weise die Kreativität anregen.

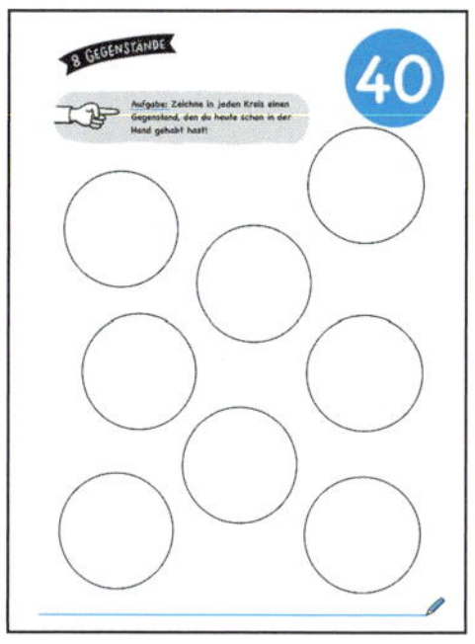

KV 40: 8 Gegenstände

Dies ist eine einfache Übung zum Warmup oder für eine kreative Auszeit zwischendurch. Die Schüler und Schülerinnen sollen 8 Gegenstände zeichnen – in diesem Fall solche, die sie an dem Tag schon in der Hand gehabt haben. Sie können die Übung nach Belieben variieren, z. B.:

- 8 Dinge, die man essen kann (die man nicht essen kann)
- 8 Dinge, mit denen man Geräusche machen kann
- 8 Dinge, die blau sind
- 8 Dinge aus dem Chemieraum …

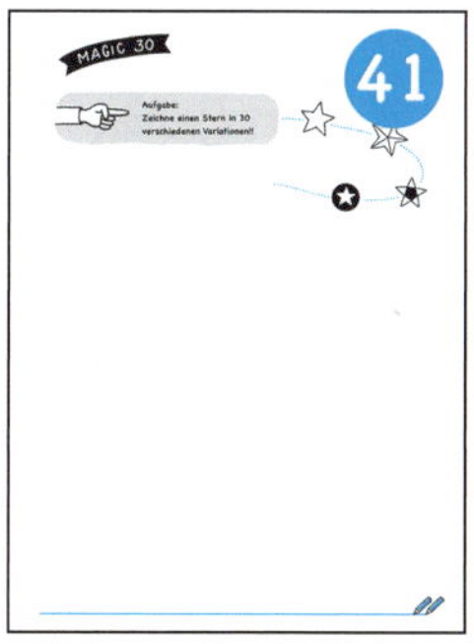

KV 41: Magic 30

Diese Übung klingt sehr einfach, hat es aber absolut in sich: Die Aufgabe besteht darin, einen Stern in 30 verschiedenen Variationen zu zeichnen. Ab Nr. 11 wird es in der Regel schon schwierig, ab Nr. 20 ist ein hohes Maß an Kreativität gefragt. Leichtere Variationen:

- Reduzieren Sie die Zielzahl.
- Wer schafft am meisten?
- Schaffen wir es, gemeinsam 30 Variationen zu finden?

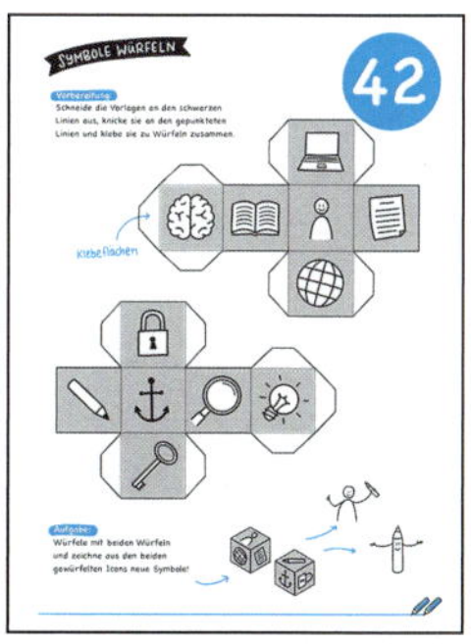

KV 42: Symbole würfeln

Bei dieser Übung geht es darum, aus zwei einfachen Sketchnote-Symbolen ein neues Symbol zu kreieren. Das ist grundsätzlich mit allen Symbolen möglich. In diesem Fall werden die Kombinationen gewürfelt. Dafür wird die KV auf dickerem Papier ausgedruckt. Die Würfelumrisse werden ausgeschnitten und zu zwei Würfeln zusammengeklebt.
Die Aufgabe der Lernenden besteht dann darin, mit beiden Würfeln zu würfeln und aus den gewürfelten beiden Icons ein oder mehrere neue Symbole zu zeichnen. Interpretieren Sie die neu entstandenen Symbole mit den Lernenden! Was könnten sie bedeuten? Wofür könnte man sie einsetzen?

KV 43–45: Sketchonary Berufe/Redewendungen (1)/Redewendungen (2)

Kennen Sie noch die Fernsehsendung „Montagsmaler"? In dieser Show ging es darum, vorgegebene Begriffe zu zeichnen und von den Gruppenmitgliedern erraten zu lassen. Als Gesellschaftsspiel auch unter dem Namen „Pictionary" bekannt. Da wir uns hier mit Sketchnote-Symbolen beschäftigen,

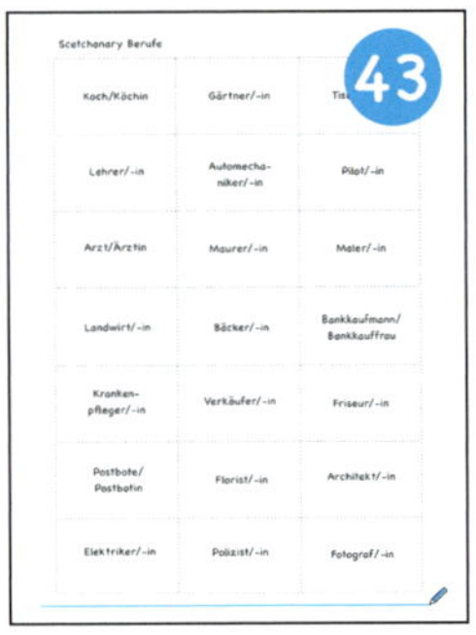

habe ich die Version für den Unterricht in „Sketchonary“ umgetauft. Sketchonary lässt sich mit der ganzen Klasse spielen (eine Person zeichnet einen Begriff an die Tafel, alle anderen raten) oder als Wettkampf zwischen zwei Gruppen durchführen.
Zum Spielen eignen sich alle einfachen und anschaulichen Begriffe aus der Lebenswelt der Schüler und Schülerinnen. Wenn Sie eine Fremdsprache unterrichten, können Sie auch Vokabeln zeichnen lassen. Schreiben Sie dafür 20 bis 30 Begriffe einzeln auf Kärtchen.
Wenn Sie mögen, können Sie verschiedene Kategorien von Begriffen anlegen, z. B. Berufe, Erdkunde (Städte/Länder), berühmte Personen, Tiere, Sport, Hobbys, Schule, Essen & Trinken, Musik, PC & Co, Reisen/Urlaub usw.
Auf KV 43 finden Sie als Beispiel Begriffe zum Thema Berufe.
Mit Fortgeschrittenen können Sie Sketchonary mit Redewendungen spielen. Auf KV 44 und 45 finden Sie dafür zahlreiche Beispiele (KV 44: leichter, KV 45: schwieriger). Redewendungen enthalten in der Regel anschauliche Bildmetaphern und eignen sich deshalb hervorragend zum Visualisieren und anschließenden Erraten. Kopieren Sie die Vorlagen auf etwas dickeres Papier und schneiden Sie sie anschließend in einzelne Kärtchen.

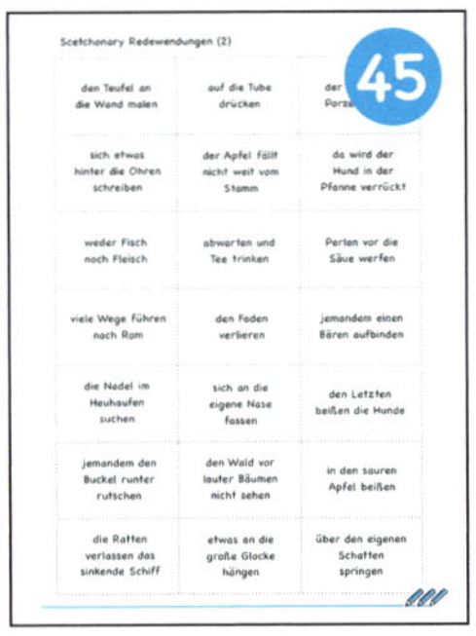

Hinweis: Im Gegensatz zu den meisten anderen Übungen in diesem Buch eignet sich diese Aufgabe nicht für alle Lernenden. Um die Redewendungen zu erraten, muss man sie kennen. Vor allem für Schüler und Schülerinnen, die Deutsch als Zweitsprache erlernen oder erlernt haben, könnte dies schwierig sein.

KV 46: Bilderrätsel

Auch hierbei handelt es sich um eine Art von Sketchonary, diesmal geht es jedoch um Bilderrätsel. KV 46 enthält Begriffe, die sich aus zwei einzelnen Wörtern zusammensetzen und in ihrer Kombination einen neuen Sinn ergeben.

Variationen:

- Die Lernenden denken sich selbst zusammengesetzte Begriffe aus und zeichnen sie, damit die anderen sie erraten können.
- Sehr kreative Lernende entwickeln Bilderrätsel, bei denen Buchstaben verändert oder gestrichen werden, um das Lösungswort zu finden.

8 GEGENSTÄNDE

40

Aufgabe: Zeichne in jeden Kreis einen Gegenstand, den du heute schon in der Hand gehabt hast!

Jutta Korth: Sketchnotes in der Schule. 978-3-589-16934-4. Illustration: Jutta Korth

MAGIC 30

41

Aufgabe:
Zeichne einen Stern in 30 verschiedenen Variationen!!

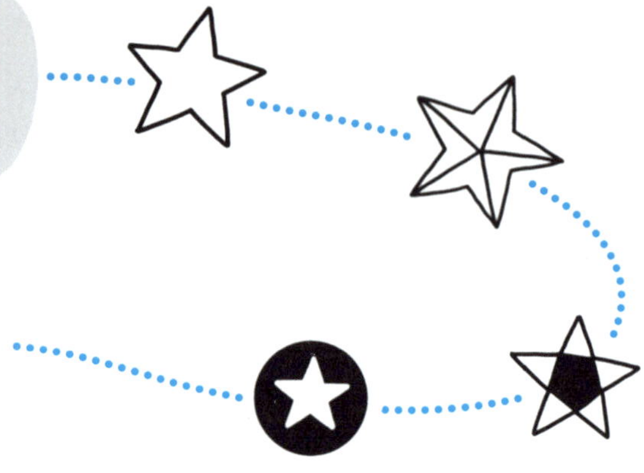

Jutta Korth: Sketchnotes in der Schule. 978-3-589-16934-4. Illustration: Jutta Korth

42

SYMBOLE WÜRFELN

Vorbereitung:
Schneide die Vorlagen an den schwarzen Linien aus, knicke sie an den gepunkteten Linien und klebe sie zu Würfeln zusammen.

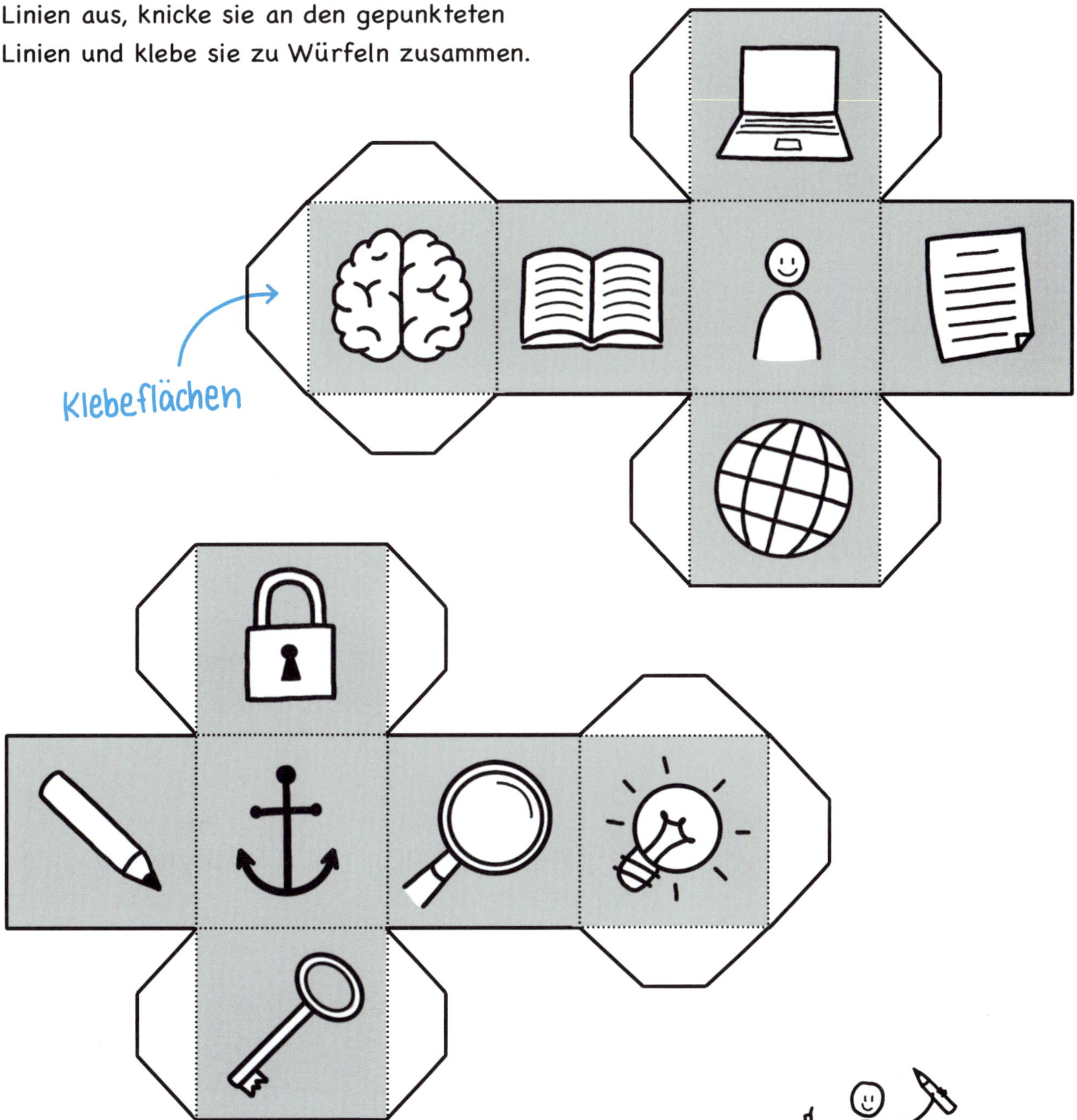

Aufgabe:
Würfele mit beiden Würfeln und zeichne aus den beiden gewürfelten Icons neue Symbole!

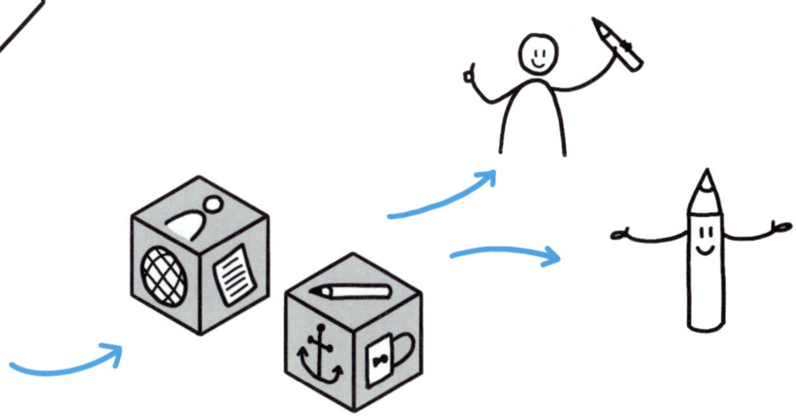

Jutta Korth: Sketchnotes in der Schule. 978-3-589-16934-4. Illustration: Jutta Korth

Scetchonary Berufe

43

Koch/Köchin	Gärtner/-in	Tischler/-in
Lehrer/-in	Automecha- niker/-in	Pilot/-in
Arzt/Ärztin	Maurer/-in	Maler/-in
Landwirt/-in	Bäcker/-in	Bankkaufmann/ Bankkauffrau
Kranken- pfleger/-in	Verkäufer/-in	Friseur/-in
Postbote/ Postbotin	Florist/-in	Architekt/-in
Elektriker/-in	Polizist/-in	Fotograf/-in

Jutta Korth: Sketchnotes in der Schule. 978-3-589-16934-4. Illustration: Jutta Korth

Scetchonary Redewendungen (1)

44

Tomaten auf den Augen haben	einen Besen fressen	die Katze aus dem Sack lassen
ein Brett vor dem Kopf haben	der Hahn im Korb	einen Klotz am Bein haben
die Hand ins Feuer legen	Auge um Auge, Zahn um Zahn	ein schwarzes Schaf
einen Frosch im Hals haben	ein Gedächtnis wie ein Sieb	etwas unter den Teppich kehren
einen Ohrwurm haben	Schmetterlinge im Bauch haben	Krokodilstränen weinen
der Tropfen, der das Fass zum Überlaufen bringt	aus einer Mücke einen Elefanten machen	aus allen Wolken fallen
sich etwas auf die Fahne schreiben	etwas durch die Blume sagen	ein Buch mit 7 Siegeln

Jutta Korth: Sketchnotes in der Schule. 978-3-589-16934-4. Illustration: Jutta Korth

Scetchonary Redewendungen (2)

den Teufel an die Wand malen	auf die Tube drücken	der Elefant im Porzellanladen
sich etwas hinter die Ohren schreiben	der Apfel fällt nicht weit vom Stamm	da wird der Hund in der Pfanne verrückt
weder Fisch noch Fleisch	abwarten und Tee trinken	Perlen vor die Säue werfen
viele Wege führen nach Rom	den Faden verlieren	jemandem einen Bären aufbinden
die Nadel im Heuhaufen suchen	sich an die eigene Nase fassen	den Letzten beißen die Hunde
jemandem den Buckel runter rutschen	den Wald vor lauter Bäumen nicht sehen	in den sauren Apfel beißen
die Ratten verlassen das sinkende Schiff	etwas an die große Glocke hängen	über den eigenen Schatten springen

Jutta Korth: Sketchnotes in der Schule. 978-3-589-16934-4. Illustration: Jutta Korth

Bilderrätsel

Eisblume	Hahnenkamm	Lampenfieber
Handschuh	Kopfball	Daumenkino
Baumschule	Schlüsselbein	Fieberkurve
Eischnee	Pferdekuss	Bücherwurm
Ohrwurm	Eisbein	Zeitlupe
Sonnenbrand	Löwenzahn	Lampenschirm
Eiswürfel	Fingerhut	Leseratte

Jutta Korth: Sketchnotes in der Schule. 978-3-589-16934-4. Illustration: Jutta Korth

13 Wie geht es weiter?

Ich hoffe, ich konnte Sie mit diesem Material dazu motivieren, Ihren Schülern und Schülerinnen Sketchnotes näherzubringen. Um diese Lerntechnik nach der Einführung weiterzuentwickeln und zu verinnerlichen, ist es ist wichtig, am Ball bzw. „am Stift" zu bleiben.

Dafür benötigen die Lernenden Ihre Unterstützung in Form von gezielten Aufgabenstellungen mit visuellen Anteilen. Deshalb möchte ich an dieser Stelle nochmal auf die Tipps und Ideen aus Kapitel 2 hinweisen:

- Entwickeln Sie gemeinsam Symbole zu schwierigen Vokabeln und/oder Fachbegriffen!
- Führen Sie bei Ihrer nächsten Lektüre visuelle Personenbeschreibungen ein!
- Lassen Sie die Lernenden Versuchsaufbauten, -durchführung und -ergebnisse als Sketchnote festhalten!
- Ermuntern Sie Ihre Schüler und Schülerinnen, bei der Vorbereitung auf Klassenarbeiten oder Prüfungen einen visuellen Themen-Überblick zu erstellen!
- Stellen Sie die Aufgabe, gelesene Texte in Form einer Sketchnote zusammenzufassen!
- Führen Sie Sketchnotes als Alternative zu rein schriftlichen Berichten ein (z. B. bei Klassen- oder Projektfahrten, Betriebspraktika usw.)!
- Lassen Sie bei komplexen Aufgaben vor Beginn die einzelnen Arbeitsschritte in Form einer Sketchnote erarbeiten!
- Ermuntern Sie Ihre Schüler und Schülerinnen, Sketchnotes bei sämtlichen Planungsprozessen einzusetzen!

Sie unterstützen Ihre Lerngruppe damit nicht nur beim Lernen in der Schule, sondern vermitteln ihnen eine Lerntechnik, die sie auch in der Ausbildung oder im Studium nutzen können. Außerdem legen Sie bei Ihren Lernenden den Grundstein für eine wichtige berufliche Kompetenz: die Fähigkeit, visuell denken und kommunizieren zu können. In der Arbeitswelt von heute und morgen werden Kreativität, Problemlösekompetenz, Kommunikationsfähigkeit und Teamfähigkeit immer wichtiger. Visuell denkende Menschen haben in allen diesen Bereichen einen Vorteil. Nicht ohne Grund setzen innovative Unternehmen bei der Entwicklung neuer Produkte oder Konzepte auf visuelle Methoden und schulen ihre Mitarbeitenden in diesem Bereich.

Oder um es anders auszudrücken:

Legen Sie los – es lohnt sich!

Anhang

Materialempfehlungen

Für den Anfang

Im Prinzip benötigt man zum Sketchnoten nicht mehr als ein Blatt Papier und einen Stift. Was für ein Stift das ist, ist dabei erst mal nicht entscheidend.

Die einzige Einschränkung, die ich an dieser Stelle machen möchte, ist folgende: Benutzen Sie (bzw. die Lernenden) möglichst keine Bleistifte! Das Zeichnen mit einem Bleistift fordert geradezu dazu auf, missratene Linien oder misslungene Symbole immer wieder wegzuradieren. Das ist nicht Sinn der Sache. Leiten Sie Ihre Schüler und Schülerinnen lieber an, ein misslungenes Symbol zu betrachten, herauszufinden, warum es nicht gut aussieht, und direkt daneben nochmal neu zu zeichnen. So verbessern Sie mit der Zeit die Zeichenfähigkeiten[4] Ihrer Lerngruppe.

Außerdem sind die eher blassen Bleistift-Linien weniger kontrastreich und für das Auge weniger gut zu erkennen. Kugelschreiber, Füller, Gelschreiber oder Fineliner (möglichst in Schwarz) eignen sich dagegen wunderbar für die ersten Sketchnote-Versuche. Für farbige Akzente bieten sich Filz- oder Buntstifte an.

Bei einigen wenigen Übungen in diesem Buch ist es von Vorteil, mit Bleistift vorzuzeichnen. Dann wird explizit darauf hingewiesen.

Als Papier eignet sich normales Druckerpapier. Wenn die Lernenden Probleme haben, ohne Lineatur gleichmäßig zu schreiben, können sie auch kariertes Papier oder Papier mit Punkteraster (sogenanntes „Dotted Paper") verwenden. Langfristig sollte man aber versuchen, auf blanko Papier umzusteigen, da dieses die Kreativität weniger einschränkt.

Für angehende Sketchnote-Profis

Wenn Sie oder Ihre Lernenden tiefer in das Thema Sketchnotes einsteigen möchten, kann es Sinn machen, schwarze Stifte in zwei bis drei verschiedenen Strichstärken zu benutzen, um Textpassagen unterschiedliche Bedeutung verleihen und auch kleinere Details zeichnen zu können.

Für farbige Akzente eignen sich handelsübliche Bunt- oder Filzstifte, die in den meisten Federtaschen zu finden sind. Einen grauen Filzstift (zum Anlegen von Schatten) besitzen die wenigsten, hier tut es aber auch ein hellblauer Stift.

4 Funfact am Rande: An einer australischen Grundschule sind Radiergummis in der ersten Klasse verboten, damit die Kinder aus ihren Fehlern besser lernen können (vgl. Hasel, Verena F.: Der tanzende Direktor. 6. Aufl. 2021. Zürich: Kein & Aber. S. 110).

Mit sogenannten Brush-Pens kann man den Einsatz von Farbe noch perfektionieren. Das sind Filzstifte mit einer weichen pinselförmigen Spitze, deren Linienbreite je nach Druck variiert. Wenn man gerne farbige Filzstifte benutzt, sollte man möglichst wasserfeste, schwarze Stifte für Text und Symbole verwenden, deren Linien nicht von den farbigen Stiften angelöst werden und verwischen.

Wenn Sie bzw. Ihre Schüler und Schülerinnen langfristig mit Sketchnotes arbeiten, lohnt es sich, ein Notizheft als Symbolbibliothek anzulegen, in das sämtliche neue Symbole hineingezeichnet werden. So entsteht im Laufe der Zeit eine persönliche Symbolbibliothek. Handelsübliche Schulhefte haben leider meistens den Nachteil, dass das Papier relativ dünn ist und Fineliner daher auf die Rückseite durchdrücken. Hier kann es sich lohnen, etwas mehr zu investieren und Hefte oder Notizbücher mit dickerem Papier (ab ca. 100 g/m²) anzuschaffen, sodass man jeweils Vorder- und Rückseite nutzen kann. Achten Sie auch bei der Anschaffung von Stiften darauf, dass die Tinte nicht „durchblutet", d. h., dass sie auf der Rückseite des Blatts möglichst nicht zu sehen ist.

Tipp: Wenn möglich, schaffen Sie über das Schulbüro oder den Schulverein für Ihre Lernenden eine kleine Sketchnotes-Ausrüstung an. Damit geben Sie dem Thema Sketchnotes eine besondere Bedeutung und sorgen gleichzeitig dafür, dass alle die gleichen Materialien zur Verfügung haben.

Sketchnotes auf dem Tablet

Sind Sie in Ihrer Klasse digital gut ausgestattet und haben für die Lernenden Tablets zur Verfügung? Auch auf einem Tablet mit dazugehörendem digitalen Stift kann man Sketchnotes machen. Dafür benötigt man lediglich eine einfache Notizenfunktion, die auf den meisten Tablets bereits vorinstalliert ist. In der Regel stehen zwei bis drei verschiedene Stifte zur Verfügung, bei denen man die Strichstärke und die Farbe variieren kann. Darüber hinaus kann man für relativ wenig Geld weitere aufwändigere Notizen- oder Zeichenapps erwerben.

Falls Sie das vorliegende Arbeitsmaterial als digitalen Download erworben haben, können Sie bzw. Ihre Schüler und Schülerinnen die Arbeitsblätter auch direkt auf dem Tablet öffnen und dort digital und papierlos bearbeiten. Digitale Sketchnotes haben zudem den Vorteil, dass man sie am Smartboard zeigen oder in Präsentationen einbauen kann.

Auf einem Tablet zu zeichnen, ist allerdings motorisch eine ziemlich große Herausforderung. Schreiben und Zeichnen auf dem glatten Display fühlen sich ein bisschen an wie Schlittschuhlaufen mit dem Stift und man rutscht auf der glatten Oberfläche leicht aus. Weil die Haftung zwischen Display und Stift extrem gering ist, wird außerdem jede minimale Bewegung der Hand oder des Armes auf die gezeichneten Linien übertragen. Diesen Effekt kann man zwar mit einer speziellen Displayfolie etwas eindämmen. Mit Sketchnotes-Anfängern und -Anfängerinnen würde ich aber immer mit Papier und Stift starten, da hierbei die Herausforderungen an die Feinmotorik nicht so hoch sind.